MIRKO BEETSCHEN
STÉPHANE HOULMANN

BERGWÄRTS
ZEITGEMÄSS WOHNEN IN DEN SCHWEIZER ALPEN

Deutsche Verlags-Anstalt

INHALTSVERZEICHNIS

DIE ENTDECKUNG DER ALPEN
SEITE 6

NIEDERRIED
SEITE 10

WETTSWIL AM ALBIS
SEITE 26

ARVENBÜHL
SEITE 36

SANT'ABBONDIO
SEITE 48

KLEINE SCHEIDEGG
SEITE 64

INCELLA
SEITE 82

MATTEN BEI INTERLAKEN
SEITE 90

KLOSTERS
SEITE 102

BRIENZERSEE
SEITE 114

ARDEZ
SEITE 122

LOCARNO
SEITE 138

KLOSTERS PLATZ
SEITE 152

WENGEN
SEITE 164

VAL ROVANA
SEITE 180

WENGERNALP
SEITE 196

MITWIRKENDE
SEITE 205

ADRESSEN
SEITE 207

Fischer del. Imp. par Ochsner.

WENGERNALP.

J. Dalp, éditeur à Berne. Chez Blom, libraire.

DIE ENTDECKUNG DER ALPEN

Es war in der Zeit der Romantik, als man begann, die Schönheit der Alpen zu erkennen. Die Idealisierung der Natur, selbst einer so unzugänglichen und gefährlichen wie die des Alpenraumes, ging Hand in Hand mit der zunehmenden Industrialisierung Europas. Tatsächlich können die Poeten und Romanciers des ausgehenden 18. Jahrhunderts als die Pioniere des modernen Alpintourismus betrachtet werden. Was bis dahin als ein Bollwerk der Natur, ein Hindernis auf dem Weg ins elysische Italien oder als Festung galt, wurde in der Literatur zum idealen, da unverdorbenen und kraftvollen Naturbild erhoben. Die Galionsfigur der englischen Romantik etwa, der britische Poet Lord Byron, besuchte die Schweiz und erklomm das Herz der Alpen auf Saumtieren. In der auf Seite 6 abgebildeten Herberge auf der Wengernalp soll er genächtigt haben. Deren Saumtierstall jener Zeit sowie seine heutige Nutzung stellen wir Ihnen ab Seite 196 vor.

So kam es, dass die Schweizer Berglandschaft im 19. Jahrhundert eine grundlegende Umwälzung erfuhr. Wo sich vorher höchstens ein paar Bauernhöfe, Alphütten, Weiler und karge Dörfer befunden hatten, begann man nun, Gästehäuser und Hotels zu errichten, über Wiesen lustwandelten vornehme Ausländerinnen und genossen die gesunde Bergluft. Aus den 1860er Jahren stammt beispielsweise das Hotel Bellevue des Alpes, dessen Besitzer Sie ab Seite 64 kennen lernen. Hoch über der Baumgrenze und mit Sicht auf die ehrfurchtgebietende Eigernordwand gelegen, führt einen dieser Ort noch heute zurück in die glanzvolle Pionierzeit des Schweizer Tourismus, und wenn man in einer der originalen Füßchenwannen liegt und auf die im Abendlicht errötenden Schneefelder der Jungfrau blickt, weiß man, wie erhaben sich die ersten englischen Gäste hier oben gefühlt haben müssen.

Der richtige Alpenboom setzte in der zweiten Hälfte des 19. Jahrhunderts ein. Wer die Hügel, Berge und Schluchten nicht selbst mit Pickel und Steigeisen eroberte, ließ sich schon bald mit den aus dem Boden sprießenden Gondeln und Bahnen hintransportieren, denn die Entdeckung der Alpen als Erholungs- und Kurort ging einher mit der flächendeckenden Erschließung des Landes durch die

Eisenbahn. Die Schweiz war angesagt, und mit der Popularität des Lebens im Alpenraum ging ein heute etwas in Vergessenheit geratener Exportschlager um die Welt: das Chalet. Schweizer Holzfabriken, wie die berühmte Parkettfabrik Interlaken, erhielten für ihre nostalgischen Fertigchalets an internationalen Ausstellungen viel Beachtung. Der so genannte Schweizer Holzstil zeichnet sich durch die Verwendung einer einfachen Hausform mit Veranden, großen Fenstern und Laubsägezier aus. Dank seines lieblichen Aussehens fand er sowohl im eigenen Land als auch in Deutschland, England oder Frankreich schnell Verbreitung. In verschiedenen Ausprägungen findet sich der „Swiss Style" auch in Skandinavien, in Italien, Russland oder Kalifornien. Noch heute erfreuen sich diese Häuser größter Beliebtheit, und Experten schätzen den Wert der sorgfältig geplanten und produzierten Holzbauten. Ein außergewöhnlich schönes Exemplar eines in Fertigbauweise erstellten Chalets stellen wir Ihnen mit dem Schlösschen in Wengen ab Seite 164 vor. Sein Zwilling, das Musterhaus der Pariser Weltausstellung von 1900, steht noch heute im Bois de Boulogne. Doch zurück in die Schweiz.

Der Tourismus hierzulande ist ein über Jahrzehnte gewachsener Wirtschaftszweig, und bis heute wird versucht, ihn auf konstant hohem Niveau zu pflegen. Natürlich haben Kriege, Modernisierungswellen und die wachsende Konkurrenz im 20. Jahrhundert auch hier ihren Tribut gefordert; so mancher blühende Kurort von damals ist heute ein Schatten seiner selbst. Längst sind die Schweizer auch nicht mehr das idyllische Bergvölkchen, als das sie sich touristisch gerne vermarkteten. Im Gegenteil: Rund drei Viertel der Bevölkerung lebt in urbanen und suburbanen Gebieten, wobei die Selbstwahrnehmung – und die Wahrnehmung von außen – immer noch eine andere ist. Entsprechend tief sind die momentanen Gräben zwischen Stadt- und so genannter Landbevölkerung.

Eines der wichtigsten Themen, welches Planer und Politiker derzeit beschäftigt, ist die fortdauernde Zersiedelung der Landschaft. Das Mittelland zwischen Zürich, Basel und Bern etwa gleicht auf weiten Strecken einer einzigen Agglomeration und ist alles andere als attraktiv. Verdichtung der Städte ist eine vorgeschlagene – und vielerorts bereits angewendete – Maßnahme. Ein Ausdruck davon ist beispielsweise die zurzeit herrschende Hochhauseuphorie Schweizer Städte. Ein weiteres Thema ist die sinnvolle Umnutzung bestehender Liegenschaften, denn gerade in ländlichen Gebieten stehen zahllose alte Ställe und Scheunen, aber auch Hotels,

Militärkasernen und Fabriken leer. Mit einer Neunutzung kann nicht nur der Raubbau an der Landschaft eingedämmt werden, sondern es wird auch historische Bausubstanz erhalten, die den Charakter eines Ortes prägt. Ein besonders gelungenes Beispiel zeigen wir Ihnen mit einem von den erfolgreichen Basler Architekten Buchner Bründler im Tessin kongenial umgebauten Steinstall ab Seite 180.

Die Schweiz war schon immer bekannt für ihre hochstehende Baukultur, und das ist auch heute nicht anders. Deshalb dürfen auch in unserem Buch Beispiele zeitgemäßer Alpiner Baukultur nicht fehlen. In typisch eidgenössischer Schlichtheit, dabei den Bezug zu lokalen Bautraditionen nie aus den Augen verlierend, präsentieren sich die Holzkuben am Lago Maggiore (ab Seite 82) und am Brienzersee (ab Seite 114).

Allen gezeigten Objekten gemein ist das gehaltvolle Innenleben. Man merkt sehr rasch, dass es diesen Bewohnern nicht einfach bloß um Ästhetik geht, sondern immer auch um Ethik. Ihren Wohn oder Ferienort haben sie sich ganz bewusst ausgewählt, sie begegnen dem Vorgefundenen mit Respekt, schätzen das Naturerleben und die örtlichen Eigenarten, ohne in eine falsche Nostalgie oder eine idyllisch-verklärte Sicht auf das Landleben abzudriften. Es sind Menschen des 21. Jahrhunderts, die Lokalkolorit und Brauchtum mit Zeitgeist und Fortschritt verbinden. Bei unseren Recherchen sind wir unglaublich viel Esprit und komplex denkenden Menschen begegnet, die unseren Erfahrungsschatz sehr bereichert haben.

Ihnen, liebe Leserinnen und Leser, wünschen wir nun viel Vergnügen und Inspiration beim Blättern, Lesen und Schmökern.

Mirko Beetschen & Stéphane Houlmann

NIEDERRIED

*Wie aus einem kleinen Holzhäuschen ein großzügiges, zeitgemäßes
Wohnhaus werden kann, ohne dass der Charme auf der Strecke bleibt,
hat der Basler Innenarchitekt Daniel Truffer bei einem Chalet
am Brienzersee mit einer eindrücklichen Renovierung bewiesen.*

Fotografie: Bruno Helbling

Es ist vielleicht einer der schönsten Abschnitte des Jakobswegs, der am hügeligen Nordufer des Brienzersees entlangführt. Man schreitet durch Wälder und Wiesen, immer den von dichtem Tannenforst gefassten, tiefgrünen See und die fernen Schneegipfel in Sicht. Der Weg geht unmittelbar hinter dem Haus des Ehepaars Hauri vorbei, und manchmal klopfen Pilger an die Tür und bitten um Nachtlager. Das Gebäude sitzt an privilegierter Lage, hoch auf einer Geländeschulter am Dorfrand von Niederried, von wo es den ganzen See sowie das wilde Südufer überblickt. Abends funkelt einzig das berühmte, 120-jährige Giessbachhotel wie ein kostbarer Diamant aus dem dunklen Waldteppich.

Kein Wunder, dass Andreas Hauri die Tränen kamen, als er zum ersten Mal die Außentreppe des Chalets erklomm und sich ihm nicht nur der Charme des Hauses, sondern auch die ganze Pracht des östlichen Berner Oberlandes offenbarten. „Den Brienzersee mochte ich schon immer", erinnert sich der Basler. Als er und seine Frau Ana in der Nähe einen Kurs besuchten, war auch sie der Schönheit des Ortes verfallen, und man verlagerte die Suche nach einem Ferienhaus von Graubünden hierher. Schon bald wurden die beiden fündig: Das kleine Chalet in Niederried war in den 1970er Jahren von einem Schnitzer mit einer Passion für Simmentaler Chalets eigenhändig erbaut worden. Auf 54 Quadratmetern Geschossfläche hatte er sich ein Atelier mit Garage und darüber eine kleine Wohnung eingerichtet. Stolz des Baus sind die sorgfältigen Schnitzerarbeiten und Intarsien an Fassade, Decken und Türen, welche ihm den Namen Schnitzerhaus einbrachten. Klar war, dass ein radikaler Eingriff nötig wäre, um das in die Jahre gekommene Chalet ins 21. Jahrhundert zu überführen. Dafür holte man den bei Wohnbedarf Basel tätigen Innenarchitekten Daniel Truffer an Bord, mit dem man sich in Einrichtungsfragen schon länger hervorragend verstand. „Minimalismus ist unser gemeinsamer Nenner", bringt es Ana Hauri auf den Punkt. Die Aufgabenstellung war alles andere als einfach: Ein mit Holzarbeiten überbordendes, kleinteiliges Chalet – welches zwar Charme, aber eben auch die Unannehmlichkeiten eines 70er-Jahre-Baus wie mangelnde Isolation oder hässliche Einbauten mit sich brachte – in ein zeitgemäßes Refugium für zwei weltgewandte und auf Qualität bedachte Städter zu verwandeln, ohne dabei den Spiritus Loci zu vertreiben.

Fest stand, dass die spärliche Wohnfläche um Atelier und Garage verdoppelt werden musste. Außerdem brauchte es eine innere Erschließung, denn bis dato hatte man das Wohngeschoss nur über die Laubentreppe erreicht. Der Befreiungsschlag gelang Daniel Truffer, der seinen Master am Londoner Chelsea College of Art and Design gemacht hatte, mit einem cleveren Schachzug im Erdgeschoss: In die Mitte des neuen Wohnraums stellte er einen multifunktionalen Kubus, welcher zwei tragende Wandelemente in sich birgt, so dass diese Etage von sämtlichen Zwischenwänden befreit werden konnte. Der zentrale Würfel nimmt zudem die neue Treppe sowie eine kleine Waschküche auf, dient zur Küche hin als Hochschrankelement und teilt das offene Geschoss in vier Bereiche.

Oben blieb die ursprüngliche Aufteilung bestehen. Einzig das winzige alte Bad wurde dem Korridor zugeschlagen, und neue Durchgänge entstanden. Auch energetisch wurde das Holzhaus aufgerüstet. Neben einer aufwändigen Dämmung erhielt es im alten Keller eine Luft/Wasser-Wärmepumpe sowie Sonnenkollektoren auf dem Dach.

„Das Haus wirkt heute sehr großzügig", sagt Ana Hauri. „Erst wenn man einen neuen Mantel aufhängen möchte, merkt man, wie wenig Platz es eigentlich hat." Doch das stört die Bewohner nicht. Gedanken an einen Ausbau verwerfen sie jeweils rasch. „Das Haus und seine Umgebung sind in absoluter Harmonie, es wäre unsinnig, daran etwas zu ändern", erklärt Andreas Hauri. Die beiden Besitzer sind rundum glücklich in ihrem neuen Zuhause, das sie ursprünglich nur als Ferienhaus geplant hatten.

„Von Anfang an hat hier alles gestimmt", schwärmen sie. „Selbst die Bauphase, die normalerweise Reibereien mit sich bringt, war harmonisch. Wir haben uns mit den Handwerkern prima verstanden, und mit Daniel hatten wir keine einzige Meinungsverschiedenheit." Am meisten schätzen die beiden die wohltuende Ruhe des Ortes und gleichzeitige Nähe zum bekannten Kurort Interlaken, den man in zehn Autominuten erreicht. „Wir lieben Japan und Kanada", sagt Andreas Hauri. „Hier haben wir beides gefunden: Ein Haus mit japanischer Anmutung und eine Umgebung, wie man sie in den kanadischen Wäldern vorfindet."

Vorhergehende Seite: Das Schnitzerhaus steht am oberen Ende des Dorfes, unmittelbar unterhalb des Waldrandes. Hier führt der Jakobsweg vorbei, der auch immer mal wieder Pilger an die Haustür führt.

Linke Seite: Vier Jahre hat der ursprüngliche Besitzer an seinem Chalet gebaut und auch sämtliche Schnitzarbeiten selbst angebracht.

Rechts: Die alte Eingangstür hinten führte von der Laube direkt in die obere, die Wohnetage. Die neue Treppe im Innern erhielt ein eigens entworfenes Fichtenholzgeländer.

Oben: Ein zentraler, in Räuchereiche gekleideter Kubus teilt das Gartengeschoss in unterschiedliche Funktionszonen. Hinter dem Esstisch – ein Entwurf von Daniel Truffer – führen neue Glastüren in den Garten. Die Decke erhielt einen hellgrauen Anstrich.

Oben rechts: Die Möbel aus geseiftem Fichtenholz wurden vom Innenarchitekten im einheitlichen Raster entworfen, so dass sich der Esstisch beispielsweise mit einem Pult oder gestapelten Korpussen erweitern lässt.

Rechte Seite: Die Küche wird von der Arbeitszeile, einem eleganten Korpus mit viel Stauraum, und den Hochschränken im Kubus gefasst. Wo früher das Garagentor war, öffnet heute eine breite Glaswand den Raum ins Grüne und auf den See. Ein spannungsreicher Kontrast entsteht zwischen dem hellen Holz des Eichenbodens sowie der neuen Fichtentäfelung und den dunklen Oberflächen der Räuchereiche-Elemente.

Oben: Detail des geschnitzten Türsturzes zwischen Schlaf- und Arbeitszimmer. Die klassischen Radiatoren wurden in rohem, geschliffenem Stahl belassen.

Vorhergehende Doppelseite: Von der Westlaube öffnet sich ein wunderbarer Blick auf Weiden, Dörfer und den Brienzersee bis hinunter nach Interlaken. Hier lassen sich auch Regentage im Freien genießen.

Im Arbeits- sowie im Schlafzimmer wurde die originale Arvenholzdecke bewahrt. Die neuen Wände aus Fichtenholz mussten mittels Dampf nachgedunkelt werden. Das Parkett bildet ein Schachbrettmuster aus Eichen- und Nussbaumholzquadern. Bett und Büromöbel sind Entwürfe von Innenarchitekt Daniel Truffer. Die Vorhänge ließ er aus Kavallerietuch fertigen.

Linke Seite: Die vier ursprünglichen Zimmer des Wohngeschosses wurden geöffnet, so dass großzügige Raumfluchten – selbst zum Badezimmer – entstanden. Das Bücherregal linkerhand ist maßgefertigt, im Kasten rechts verbirgt sich der Kaminabzug.

Links: Das luftige, offene Badezimmer lässt sich mit einer Schiebetür vom Korridor abtrennen. Dusche und Toilette befinden sich hinter einer raumhohen Glaswand und lassen sich mit Duschvorhängen verdecken.

Sämtlicher Stauraum befindet sich in einem langen Korpus aus Räuchereiche, der sich durchs Bad bis in den Korridor zieht.

Oben: Die ehemalige Zufahrtsstraße zum Garagentor, welches durch ein großes Fenster ersetzt wurde, ist heute ein Kiesweg. Bisweilen blicken hier neugierige Kühe rein.

Linke Seite: Das von Daniel Truffer entworfene Sofa im Gästezimmer lässt sich zum Doppelbett ausziehen. Das vierteilige Bild an der Wand stammt von der georgischstämmigen Künstlerin Nina Gamsachurdia. Die reich geschnitzten Türen wurden lediglich aufgefrischt.

WETTSWIL AM ALBIS

Ein Flachdachhaus von 1972 wird seit Jahren sukzessive renoviert und sachte an zeitgemäße Wohnformen herangeführt. Das Gebäude wirkt heute so frisch wie am ersten Tag, nicht zuletzt dank des guten Zusammenspiels von Bauherrschaft und Innenarchitekt.

Fotografie: Bruno Helbling

Zufall und Courage standen beim Kauf dieses Hauses Pate. Judith und Raymond Bitterli waren auf einer Spritzfahrt in den Hügeln unweit von Zürich, als sie ihr künftiges Zuhause aus der Ferne erblickten. Dort stand es idyllisch gelegen auf einer Waldlichtung am Rand eines geschützten Moores. Kurz entschlossen steuerten sie ihr Auto auf die kleine Siedlung zu und sprachen einen der Bewohner an, der gerade dabei war, seinen Rasen zu mähen. Dieser glaubte zu wissen, dass eine der Familien ihr Haus eventuell wieder verkaufen wolle. Bitterlis zögerten nicht lange, sondern drückten die Klingel. Drei Stunden später kamen sie verzaubert wieder heraus. Noch am selben Wochenende entschieden sie sich für den Hauskauf, am Montag war die Bank informiert und am Dienstag wurde der Vertrag unterschrieben.

Das war 1975. Heute, über 35 Jahre später, ist hier draußen immer noch der Geist der 60er Jahre zu spüren. Die Häuser waren 1972 von Architekt Fredi Wegmüller erbaut worden. Neben fünf weiteren jungen Familien zog er selbst in die naturnahe Überbauung in Wettswil am Albis. Die komplette ursprüngliche Bewohnerschaft von 1972 – mit Ausnahme der Vorgänger des Ehepaars Bitterli – lebt bis heute in den Flachdachhäusern. Und die alten Regeln von damals haben immer noch Gültigkeit: Leben und leben lassen, dabei aber füreinander da sein. Keine Zäune, die von eifersüchtigem Landanspruch zeugen.

Das Paar hat seine Einheit über die Jahre hinweg den eigenen Bedürfnissen angepasst. So wurden Zimmer zusammengelegt, das Bad erneuert und Flügeltüren durch Platz sparende Schiebetüren ersetzt. Einen größeren Eingriff wagte man vor einigen Jahren, als es Zeit wurde, die enge, alte Küche zu erneuern. Eine ganze Weile schon hatten die beiden Kochliebhaber mit einer neuen geliebäugelt. Irgendwann betraten sie schließlich das Geschäft Soius von Innenarchitekt Roger Stüssi in der nahe gelegenen Stadt Zug. Zwischen dem Unternehmer und der Bauherrschaft sprang sogleich der Funke über, und schon kurze Zeit später realisierte Roger Stüssi seinen ersten Umbau im Hause Bitterli. Er öffnete die Küche zum Wohnraum hin, stattete sie mit einem schicken Zeilenmodell der italienischen Edelschmiede Boffi aus und

nutzte den spärlichen Raum mit verstecktem Stauraum optimal aus. Die Bauherrschaft war so begeistert von dem Resultat, dass alle folgenden Eingriffe nur noch zusammen mit dem Innenarchitekten umgesetzt wurden und werden. „Ich bin ein absoluter Fan von ihm", gibt Judith Bitterli augenzwinkernd zu. „Einen so tollen Laden wie Soius finde ich nicht einmal in Mailand."
Der Küchenumbau zog einige weitere Investitionen nach sich. Statt eines schwarzen Esstisches musste ein weißer her, daraufhin schleppte Roger Stüssi dazu passende grüne Stühle an. Als dann noch ein hellblaues Gemälde hinzukam, wirkte das rote Sofa wie eine Faust aufs Auge. „Das war Farbe genug", erinnert sich Judith Bitterli. Sie leisteten sich ein extravagantes vanillefarbenes Noguchi-Sofa, das allerdings auf dem hellen Boden nicht so recht zur Geltung kommen wollte. Also alter Boden raus und dunkle Landhausdielen rein. Auf geräucherte Eiche kamen Judith Bitterli und Roger Stüssi übrigens im gleichen Augenblick, aber völlig unabhängig voneinander, was zeigt, wie sehr das Team harmoniert. Ein paar Jahre später wurde das Gartengeschoss in Angriff genommen. Hier stand zwar die Sanierung der alten Bausubstanz im Vordergrund, doch die Bewohner hatten zugleich einen ganzen Strauß neuer Wünsche: „Wir wollten ein schönes Lichtsystem, einen raffinierten Duschraum, einen einheitlichen Boden auf der ganzen Etage sowie mehr Öffnung zwischen innen und außen", zählt Judith Bitterli auf. So wurden aus den mehrteiligen Fenstern einheitliche Glasfronten, Flügel- wichen Schiebetüren, und anstelle der verschiedenen Holzböden wurde ein heller Kalkstein verlegt. In der Wohnhalle dient eine Bank aus dem gleichen Material als Sitzgelegenheit und Ablage. In die Decke verlegte Roger Stüssi ein dimmbares LED-Lichtsystem. Unter der Steinbank und dem Waschtisch erlauben zusätzliche Lichtquellen individuell regulierbare Farbstimmungen. Ein cleveres Kastenbüro schließlich dient als praktischer Arbeitsplatz. „Das ganze Untergeschoss wirkt völlig ruhig, beinahe sakral", schwärmen die Bewohner. „Wir leben jetzt in zwei verschiedenen Wohnwelten, in einer dunklen oben und einer hellen unten." Dank all der sachten Eingriffe hat das von der klassischen Moderne inspirierte Haus bis heute nichts an Aktualität eingebüßt und wirkt so frisch wie vor 40 Jahren.

Blick vom Eingang durch die obere und in die untere Etage. Bei den Renovierungen wurden die alten Elemente wie der schlammfarbene Grobverputz der Wände oder die dunklen Holzrahmen der Fenster belassen und mit neuen Elementen wie dem dunklen Fußboden oder der weißen Küche ergänzt.

Oben: Aus dem ehemals schmalen, dunklen Schlauch ist eine helle offene Küche geworden. Keine Oberschränke, klobige Schrankgriffe oder unnötige Türen behindern die leidenschaftlichen Köche. Das Schiebetürsystem auf der rechten Seite spart zusätzlich Platz.

Rechts: Blick aus der Wohnzone in den Essbereich, dahinter die neue Küche. Der Kamin war von Anfang an drin. Das neue Parkett besteht aus geräucherter Eiche.

Rechte Seite: Das Arbeits- und TV-Zimmer in der oberen Etage verfügt über einen eigenen Balkon und ein Bad. Es war ursprünglich ein Schlafzimmer. Das Ölbild ist von Rudolf Urech-Seon aus dem Jahre 1951.

Oben: Designklassiker in Weiß schaffen eine Kontrastwelt zu den kräftigen Farben im Obergeschoss.

Linke Seite: Neue Panoramafenster und ein beigefarbener Kalksteinboden brachten Licht und Weite ins Untergeschoss. Die Bank aus dem gleichen Material ist Sitzgelegenheit und Ablage in einem.

Oben: Aus dem kleinsten Zimmer ist ein luftiges Büro geworden.

Rechte Seite links: Die Lage am Rande eines Naturschutzgebietes ist für Katze Gioia ideal.

Rechte Seite rechts: Wie ein Scherenschnitt spannen sich die Bäume des Naturschutzgebietes im Winter vor den Fenstern auf.

ARVENBÜHL

An einem Hang über dem Walensee wurzelt das Chalet Enzian. In den 60er Jahren gepflanzt, war es etwas aus der Zeit gefallen. Nach einer sanften Renovierung präsentiert sich das Häuschen im abgedunkelten Lärchenkleid als modernes Feriendomizil für eine junge Familie

Fotografie: Martin Guggisberg   Text: Ruth Händler

Als Familie Rogivue auf der Suche nach dem Rückzugsort fürs Wochenende das Chalet Enzian entdeckte, war dem Paar schnell klar: Lage ideal. Haus leider weniger. Für den Oldie aus den 60er Jahren oberhalb von Amden sprach die Nähe zu Zürich, wo die Familie wohnt. Gemütlich und ohne Stress würde man am Vormittag starten. Und schon am Mittag wären die Kinder auf der Piste. Gegen das Häuschen sprach, dass es tatsächlich ein Häuschen war. 60 Quadratmeter Wohnfläche: eigentlich zu klein für zwei Erwachsene mit vierjähriger Tochter und siebenjährigem Sohn.

Kann man daraus was machen? Aber sicher, meinte Stéphane Houlmann, seit langem Freund des Paares und in seiner Leidenschaft für Innenarchitektur und Design auch praktisch versiert: Für sich selbst und andere hatte er schon mehrere Wohnungen und Lofts ausgestattet. So konnte er überzeugend darlegen, dass die kernig-rustikale Enge nicht Schicksal dieses Hauses, sondern nur eine Art epochenbedingtes Gewand war.

Gegen die etwas düstere und eintönige Hütten-Anmutung steuerte Houlmann mit Farbanstrichen, welche die kleinen Räume freundlicher und einladender machen. Der frische Country-Look vertreibt das allzu Hölzerne, ohne dass man die Verkleidung abreißen musste. Gehüllt in Farrow & Ball-Farben wirken Wände und Decken nun viel heller. „Weiß wollte ich nicht einsetzen", erklärt Houlmann, „das schien mir nicht passend. Das Interieur sollte ganz natürlich und harmonisch werden". Zum Farbenspiel draußen vor den Fenstern bietet das Hausinnere nun eine stimmige Tonalität.

Der kleine Vorraum prunkt in sattem Grün. Gang, Küche und Wohnzimmer vereint die etwas zurückhaltendere Grau-Grün-Nuance Vert de Terre. Das Elternschlafzimmer samt originalem Einbauschrank ist im warmen Grauton Elephant's Breath aufgemuntert. Und das Kinderzimmer strahlt in Blaugrün.

Bis auf den originalen Plattenboden des Eingangs haben alle Räume neue Tannendielen. Mit einem innenarchitektonischen Eingriff gab Houlmann dem Haus mehr Weite: Er öffnete die Wand mit der zeittypischen Durchreiche zwischen Küche und Wohnzimmer um ein Maximum, das auch einen Teil der Steinmauer am dominanten Kamin einschloss. Dessen optische Wucht hatte der neuen Hausbesitzerin so wenig behagt, dass sie ihn am liebsten ersetzt hätte. Die kleinere Lösung, welche die Feuerstelle auf ein angenehmes Maß reduzierte, tat es auch: „Die Steine um den Kamin entsprechen denen im Sockel an der Außenfront des Hauses", erklärt Houlmann. „Es war sinnvoll, diese Korrespondenz zu erhalten."

Die Tür, die ursprünglich vom Flur ins Wohnzimmer geführt hatte, konnte man nun dank des neuen Zugangs von der Küche aus schließen. So entstand Platz für eine kuschelige Sofaecke. Sie bildet mit den Polstermöbeln Ghost von Gervasoni, einem gemütlichen Sessel aus dem Fundus des Chalets Enzian, einem Vintage-Kelim vom Flohmarkt und zwei Beistelltischen aus Holzstämmen eine stimmige Sitzrunde ums offene Feuer, die dem Raum Atmosphäre gibt.

Ähnlich wie der Ursprungskamin ließ auch die Essecke im Wohnbereich die neuen Hausbesitzer so stark fremdeln, dass sie das biedere Stück am liebsten schleunigst entsorgt hätten. Houlmann, der hinter dem antiquierten Äußeren die gute Machart erkannte, hielt dagegen. „Ein Stuhl in dieser Qualität würde heute 600 bis 700 Schweizer Franken kosten. Ich musste auch aufs Budget schauen", sagt er. „Also habe ich den Bauherren versprochen, dass ich die Möbel richtig schön machen werde." In edlem Lichtgrau gestrichen, mit Polstern vom gleichen dunkelbraunen Leinenstoff aus dem Zürcher Fachgeschäft Barré wie die neuen Vorhänge verströmt das Ensemble jetzt einen unaufdringlichen Retro-Touch – viel besser kann man die verborgenen Werte in einem vormals unterschätzten Teil nicht fördern. Aufgemöbelt wurde dafür an anderer Stelle: Neu sind sowohl die nun offene Küche von Bulthaup mit schlammfarbenen Fronten wie auch das grün gekachelte Badezimmer. Dass Platz noch in der kleinsten Hütte steckt, beweist nicht zuletzt der Dachstock, erreichbar über die wohlbekannte Klappleiter: Mit seiner Höhe im Kindermaß und stapelbaren Betten ist er jetzt sowohl Spielzimmer als auch zusätzliche Schlafstätte für Freunde.

Seine Familientauglichkeit hat das neu gestaltete Chalet inzwischen an vielen Wochenenden bewiesen. „Wir hätten nie geglaubt, dass so enge, alte Räume so geräumig, gemütlich und zeitgemäß verwandelt werden können", erklärt der Hausherr. „Jetzt fühlen wir uns pudelwohl in unserer kleinen, aber feinen Energie-Oase und freuen uns immer wieder auf die Sprünge ins nahe ‚Enzian' ob dem Nebel."

Vorhergehende Seite: Der ehemals düstere Eingang strahlt heute in einem frischen Grünton aus der Kollektion von Farrow & Ball. Der Plattenboden aus den 60er Jahren blieb erhalten.

Oben: Vom Gang aus erreicht man sowohl die Küche als auch das Wohnzimmer. Wo früher eine Wand die beiden Bereiche trennte, ist nun Platz für einen massiven Arbeitstisch.

Das Originalmobiliar der klassischen Essecke aus den 60er Jahren wirkt dank grauer Farbe und passenden Polstern wie neu.

Linke Seite: Der graugrüne Farbanstrich auf den alten Holzdecken und -wänden schafft zusammen mit dem modernen Diwan, dem Vintage-Kelim und dem Baumstamm-Beistelltisch eine angenehme Lounge-Atmosphäre.

Rechts: Der steinerne Kaminrahmen wurde verkleinert. Das offene Feuer rückt ins Zentrum der Sitzrunde.

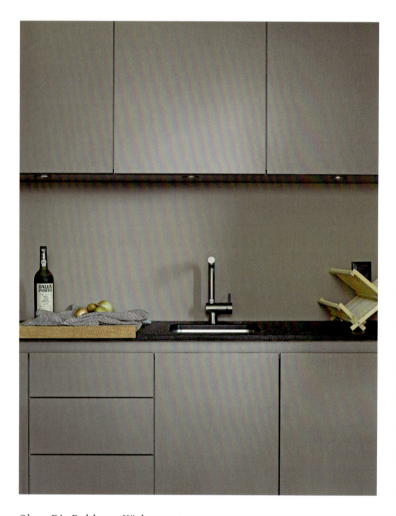

Oben: Die Bulthaup-Küche passt mit ihren schlammfarbenen Fronten gut zu den natürlichen Farben, die im Chalet den Ton angeben.

Rechts: Steinzeug-Kacheln beamen das kleine Badezimmer in den grünen Bereich.

Rechte Seite: Alt trifft Neu: Im Schlafzimmer der Eltern haben jetzt auch die Einbauschränke ein helles Gewand.

Oben: Kinder mit Aussicht: Der Nachwuchs hat zum Toben außer dem Freiplatz auf dem Balkon sein eigenes Reich unter dem Dach.

Linke Seite: Trutziger Steinsockel, langer Südbalkon, dunkles Lärchengewand und ein Dach, das viel Schutz verspricht: „Enzian" ist ein durch und durch klassisches Chalet – und jetzt auch ein modernes Ferienhaus.

SANT'ABBONDIO

Ein Tessiner Ferienhaus aus den 60er Jahren sollte sanft renoviert und aufgewertet werden. Statt dem Haus einfach ein modisches Kleid aufzuzwingen, stärkten die Innenarchitektinnen von Atelier Zürich das Vorhandene und transportierten es mit Feingefühl in die Gegenwart.

Fotografie: Martin Guggisberg

Das Haus liegt in Sant'Abbondio, einem der letzten Schweizer Dörfer vor der Grenze nach Italien, gelegen an den rauen Südhängen des Lago Maggiore. Die Straße, welche vom See abzweigt, führt den Hang hinauf und ins Zentrum des alten Dörfchens, wo sie abrupt endet. Das letzte Stück ist ein idyllischer Fußweg, der aus dem Dorf hinausführt. Gebaut wurde das Haus 1962 vom Zürcher Architekten Manuel Pauli als Feriendomizil für eine Deutschschweizer Familie. Diese hatte das Häuschen in den letzten 40 Jahren gepflegt, hier und da geflickt, ergänzt und mit einem Sammelsurium an Möbeln eingerichtet. Die Familien der dritten Generation beschlossen, bei der anstehenden Dachsanierung auch die Möblierung aufzufrischen und engagierten dafür das Atelier Zürich.

Einen ersten Augenschein im Tessin nahmen die beiden Innenarchitektinnen Claudia Silberschmidt und Flavia Spahr an einem schönen Herbsttag. „Wir haben gleich gesehen, dass das Haus eine starke, durchdachte Architektur hat", erinnert sich erstere. „Außen wie innen gibt es schöne Details. Das Haus selbst ist in die ursprüngliche Landschaft eingebettet und hat einen traumhaften Garten." Schnell wurde den Innenarchitektinnen klar, dass dank der guten Grundsubstanz der Komfort des Hauses mit wenigen gezielten Eingriffen stark verbessert werden konnte. Mit ihren Vorschlägen stießen sie bei den Besitzern auf offene Ohren, so dass das Haus neben der Neumöblierung auch ein frisches Farbkonzept, diverse kleine Einbauten sowie eine neue Küche und ein neues Badezimmer erhielt.

Als Bauleiter engagierte man Beniamino Sartorio, der sich mit Restaurierungen verschiedener historischer Häuser im Tessin einen Namen gemacht hatte. Die Bauzeit dauerte vom Herbst 2008 bis in den Sommer 2009. „Bauen im Tessin war für uns eine völlig neue Erfahrung", sagt Flavia Spahr. „Das Klima ist im Winter sehr rau, es gibt viel Regen und plötzliche Schneeeinbrüche. Außerdem hat es unheimlich viele Feiertage, welche die Tessiner mittels zusätzlichen Freitagen und Wochenenden zu kleinen Ferien ausweiten." Erschwerend kamen die Hanglage und das Fehlen einer Zufahrt hinzu. Ein Lastwagen mit Mobiliar musste einmal sogar umgepackt werden, weil die Bahnunterführung des Dorfes zu niedrig war. Größere Objekte mussten schließlich per Helikopter angeliefert oder abtransportiert werden.

Außen wurde das Dach erneuert, die Mauern erhielten einen neuen Anstrich, und der Eingang wurde mit einer Glastür versehen, die mehr Licht ins Entree lässt. Dieses veredelten die Innenarchitektinnen, indem sie die Holztäfelung der Wände hell strichen, das alte Parkett dunkel ölten und zwei Klappbetten in der Wand versteckten. So kann der Raum flugs zum dritten Schlafzimmer umfunktioniert werden. Im großen Wohnraum verwandelte Atelier Zürich eine düstere Nische in eine gemütliche Leseecke. Der hangseitigen, etwas feuchten Wand wurde hier eine gemauerte und geheizte Bank vorgesetzt. Leseleuchten an der Wand, Schaffelle sowie Kissen sorgen für Behaglichkeit.

Überhaupt wurde dem Haus, das im Winter sehr kalt werden kann, viel Wärme eingehaucht. Dies nicht nur in Form von Heizungen, sondern auch von Textilien und einem neuen Farbkonzept. Claudia Silberschmidt und Flavia Spahr ließen sich dabei von den vorgefundenen Familienobjekten inspirieren. Ein orientalisch anmutender Kupfertisch, ein mintfarbenes Nachttischchen und die alten Bodenplatten aus Ton steuerten ihre Farben bei. Die neue Palette besteht aus Brauntönen, Mauve, Salbei, kühlem Mint und einer Champagnersilberfarbe, die mit ihren glitzernden Pigmenten sämtliche Wände des Hauses ziert. Möbliert wurde es mit einer Mischung aus vorhandenen Einzelstücken, zeitgenössischem Design aus Holland und Italien sowie verschiedenen Schreinerarbeiten aus Nussbaumholz. Atelier Zürich hat es verstanden, den ursprünglichen Charakter des Hauses nicht nur zu bewahren, sondern ihn noch zu stärken. So wurden etwa die dunklen Holzteile außen frisch gebeizt, und der dunkle Anstrich der Fenster transportiert das archaische Element ins Innere des Hauses. Die ehemals schneeweißen Wände hatten die Räume zuvor kühl und unbelebt erscheinen lassen, die Champagnerfarbe schafft heute eine warme Atmosphäre im ganzen Haus. „Früher", so einer der Besitzer, „hat man sich fast nur draußen aufgehalten und bei schlechtem Wetter ist einem die Decke auf den Kopf gefallen. Manche Ecken des Hauses haben wir komplett gemieden, weil sie ungemütlich und kalt waren." Heute ziehen sich die Bewohner gerne in ihre Schlafräume zurück, und die Leseecke beim Kamin ist bei Regenwetter heiß begehrt.

Blick vom Garten über die Terrasse in den Wohnraum. Die Terrassentür lässt sich mit einem Schiebepaneel verschließen. Alle Holzelemente draußen wurden dunkel nachgebeizt.

Oben: Das untere Geschoss besteht aus einem Wohnraum mit Kaminecke im hinteren und einem Essbereich im gartenseitigen Teil. Die Innenarchitektinnen haben dem Raum einen neuen Anstrich verpasst und das Haus mit zeitgenössischem Design aufgewertet.

Linke Seite: Die drei Schlafräume auf der oberen Etage sind mit einem gedeckten Balkon verbunden. Jedes Zimmer hat seinen eigenen Ausgang mit Holzschiebetür.

Oben: Die ehemals dunkle, kalte Ecke beim Kamin haben die Innenarchitektinnen mit einer gemauerten, geheizten und mit Schaffellen eingedeckten Bank in eine gemütliche Leseecke verwandelt.

Linke Seite: Im hinteren Bereich des Wohnraums mit seinem Eckfenster hat Atelier Zürich einen Loungebereich eingerichtet. Die alten Holzfenster wurden durch neue ersetzt. Der dunkle Anstrich transportiert den Charakter des Hauses nach innen.

Oben: Blick in eines der zwei Schlafzimmer, das die Innenarchitektinnen mit einem Kastenbett ausstatteten, um den Raum optimal zu nutzen. Das türkisfarbene Nachttischchen ist eines der Originalmöbel und diente als Inspiration für das Farbkonzept.

Oben rechts: Die Badewanne ist neu mit einer Regenbrause ausgestattet. Die mintfarbenen Glasmosaikkacheln passen zum neuen Farbkonzept und verleihen dem Tessiner Haus einen Schuss Italianità.

Linke Seite: Die Holzwände im Entree wurden hell gestrichen, während das alte Parkett dunkel gebeizt wurde. Zwei zusätzliche Betten lassen sich bei Bedarf aus der Wand klappen. Die schmale Tür führt in ein Schlafzimmer.

Oben: Die alte Eingangstür wurde durch eine Glastür ersetzt, die Licht ins ehemals düstere Entree bringt. Die dunkel gebeizte Holzschiebetür ist auf dieser Hausseite ebenfalls neu.

Rechte Seite: Die Loggia über der Terrasse diente früher als Abstellraum. Nachdem das Team von Atelier Zürich die Farbe nach draußen gezogen und eine einladende Schaukel aufgehängt hatte, wurde die Ecke zum exklusivsten Ort des Hauses.

Linke Seite: Atelier Zürich war stets darauf bedacht, dem Haus und seiner Geschichte gerecht zu werden und hat vorgefundene Familienerbstücke, wie diese antike Truhe, ins neue Konzept integriert. Die Feigen stammen aus der Umgebung.

Oben: Unter einem lauschigen Feigenbaum und neben einer der zahlreichen Yuccapalmen im Garten steht ein alter für das Tessin typischer Granitsteintisch.

Links: Die Freiluftdusche unterhalb der Terrassenmauer wurde irgendwann in den letzten 30 Jahren montiert und bietet im Sommer willkommene Erfrischung, wenn der Weg zum See hinunter zu weit ist.

Oben: Von dem Korbstuhl – eine Reminiszenz an alte geflochtene Gartenmöbel – auf der Terrasse genießt man eine herrliche Aussicht auf den Lago Maggiore. Der Blick fällt auf Brissago und Ascona, auf die sanften Hügelketten des südlichen Tessins und weit nach Italien hinein.

Linke Seite: Das Haus mit Baujahr 1962 steht abseits des Dorfes inmitten von Kastanienbäumen, alten Reben und Yuccapalmen. Weder Zäune noch Mauern trennen das Grundstück von den Wäldern und Wiesen rundum. Im Garten wachsen auch Kakis.

KLEINE SCHEIDEGG

*Vor über 140 Jahren bauten die Pioniere des alpinen Tourismus auf der
Kleinen Scheidegg im Berner Oberland das Hotel Bellevue des Alpes.
Nun hat die jüngste Generation der Gründerfamilie das Zepter übernommen
und renoviert die Häuser mit viel Sorgfalt. Winters wohnt sie selbst dort.*

Fotografie: Sabrina Rothe

Wenn die letzten Eisenbahnen des Tages die kleine Bergstation verlassen, wenn die Skifahrer ihre letzte Talfahrt in Angriff nehmen und das Bahnhofrestaurant seine Terrasse schließt, dann kehrt hier oben am Fuße der Jungfrau wieder Ruhe ein. Das Stimmengewirr des Tages macht einer Stille Platz, die bloß vom Pfeifen des Windes und dem Rufen der Bergdohlen unterbrochen wird. Die schwarz gefiederten Vögel ziehen ihre Kreise im Schatten der berüchtigten Eigernordwand. Hinter den Gipfeln geht die Sonne unter, und die Dämmerung färbt die riesigen Felsgebirge, Schneefelder und mächtigen Gletscher tiefblau.

In den zwei stattlichen Gebäuden des Hotels Bellevue des Alpes, die im Bergsattel thronen, gehen die Lichter an. Vereinzelt sieht man jemanden auf einem Balkon stehen und die Stimmung bewundern. Beim Betreten des Hotels versetzt einen eine alte Holzdrehtür – gleich einer wundersamen Zeitmaschine – 100 Jahre zurück. Im reich verzierten Kamin der viktorianischen Lobby prasselt ein einladendes Feuer, gegenüber knarrt die alte Holztreppe, als sich erste Gäste zum Diner einfinden. Vorbei an der stilechten 20er-Jahre-Bar geht's in den Ball- und Speisesaal, wo die letzten Gedecke aufgetragen werden.

Es war genau diese Authentizität, welche den Architekten Andreas von Almen veranlasste, das Hotel, dessen Ursprünge bis ins Jahr 1840 zurückreichen, als an diesem Ort erstmals eine Pension errichtet wurde, in fünfter Generation von seiner Tante zu übernehmen. Dass diese nur wenig in die alten Häuser investiert hatte, erwies sich als Segen und Fluch zugleich. In den ersten Jahren, in welchen er und seine Frau Silvia, eine Flötistin aus Zürich, das Hotel führten, musste sämtlicher Gewinn umgehend reinvestiert werden. Wasser- und Stromleitungen wurden ersetzt und nach und nach die Zimmer sanft renoviert. Dabei erhielt der Architekt sämtliche historische Elemente wie alte Doppelfenster, frei stehende Wannen, antike Armaturen und originale Böden. Die Wände wurden nach alter Manier mit Stofftapeten bespannt, das originale Mobiliar frisch gestrichen und angepasst.

Die Passhöhe Kleine Scheidegg ist ein exponierter und abgelegener Ort. Im Winter erreicht man ihn nur per Zug von

Grindelwald oder Wengen. Eine weitere Bahn – Zugpferd und Pionierleistung des Schweizer Alpintourismus – führt von hier aufs berühmte Jungfraujoch. Gäste des Hotels bekommen die außergewöhnliche Lage hautnah zu spüren, etwa wenn die Bise aus dem Osten einfällt. Dann knackt das 150-jährige Gebälk, Schneewehen türmen sich an der Hausmauer auf, und der eisige Wind heult um die Ecken. Sofort müssen dann die Wasserhähne aufgedreht werden, damit das Wasser in den teilweise an der Außenwand verlaufenden Rohren nicht gefriert. Früher konnte man sich zu diesem Zweck Nachtportiers, Heizer und Etagengouvernanten leisten, doch diese Zeiten sind vorbei. Die Hotelierfamilie muss selbst nach dem Rechten sehen und hat sich deshalb ihre Wohnung im ersten Stock eingerichtet. Mit dem zeitgemäßen Ausbau, welcher traditionelle Elemente neu interpretiert, hebt sich die Wohnung vom Rest des Hotels ab. Die fünf ehemaligen Gästezimmer dienten bereits Andreas' Onkel als Heim und beherbergen heute seine Familie. Das sind neben ihm und Silvia die beiden Töchter Emma und Lena, die den Winter mit ihren Eltern in den Bergen verbringen. Im Sommer lebt die Familie wegen der Schule der Kinder die meiste Zeit unten im Tal.

Andreas, der neben seiner Arbeit als Hotelier auch als Architekt tätig ist, hat sein Büro im Anbau zur Wohnung, dem ehemaligen Friseursalon, eingerichtet. „Es ist der einzige Raum, der außerhalb des Hotels liegt", erzählt der Architekt. „Er lässt mir Luft zum Denken." Dass die Sicht auf die Eigernordwand und ins Tal von hier aus fantastisch ist, bleibt Nebensache, denn Aussicht ist auf der Kleinen Scheidegg ein Luxus, der im Überfluss vorhanden ist.

Aus der Bar klingt die Live-Musik einer französischen Jazzband, das Feuer in der Lobby knistert gemütlich und die alten Küchentüren schwingen auf und zu, als das Abendessen serviert wird. Das letzte Licht ist der Nacht gewichen, die erleuchteten Fenster malen helle Quadrate in den Schnee. Mächtig thronen die Viertausender über der Szenerie, ihre Schneespitzen vom Mond beleuchtet. Darüber eine Sternenpracht, wie man sie nur hier oben in den Alpen sieht, wo man dem Himmel ein klein bisschen näher ist.

Im 19. Jahrhundert zwei unabhängige Häuser – im Vordergrund das Hotel des Alpes, im Hintergrund das Bellevue –, wurden die zwei Gebäude in den 20er Jahren zum Hotel Bellevue des Alpes zusammengefasst. Aus jener Zeit stammt auch die markante Rotunde.

Oben: Das frisch verschneite Gartenmobiliar auf der Sonnenterrasse wartet auf seinen nächsten Einsatz.

Oben rechts: Das originale Treppenhaus im Bellevue-Gebäude wurde der englischen Gäste wegen in den 1860er Jahren im viktorianischen Stil erbaut.

Rechte Seite: Silvia von Almen mit Töchterchen Lena an der Rezeption.

Von der Lobby führt ein Korridor vorbei an Küche, Angestelltentreppe und stilechter 20er-Jahre-Bar in den Speise- und Festsaal im französischen Stil.

Sämtliche Hotelzimmer wurden in den letzten Jahren restauriert. Dabei erhielten Wände und Leuchten neue Stoffbespannungen wie in diesem Eckzimmer mit Toile-de-Jouy-Motiven.

Ganz links: Einfacheres Zimmer mit Tapete und Originalmobiliar.

Mitte: Einige wenige Zimmer stattete Inhaber und Architekt Andreas von Almen in modernem Design aus.

Links: Ein Highlight vieler Zimmer ist die antike Füßchenwanne mit Sicht in die Bergwelt.

Oben: Der holzgetäfelte Speisesaal mit Rotunde stammt aus den 20er Jahren und dient architektonisch als verbindendes Element zwischen den beiden ursprünglich individuellen Hotels.

Rechte Seite: Die Besitzerfamilie lebt im Winter mitten im Hotel in einem separaten Etagenteil.

Links: Die originale Schindelwand, die bei der Sanierung zum Vorschein kam, wurde – wegen des Mangels an natürlichem Grün oberhalb der Baumgrenze – olivfarben gestrichen.

Rechts: Blick durch den Korridor ins Wohn- und Arbeitszimmer, welches sich als einziger Raum des Hotels außerhalb des originalen Gebäudes befindet.

Ganz rechts: Das Kinderzimmer von Emma und Lena erhielt eine Tapete in zartem Rosa.

Von links nach rechts: Das sandfarbene Elternschlafzimmer, stilecht renoviertes Badezimmer und Stillleben auf Großmutters Kommode.

Linke Seite: Das Leben im Berghotel verlangt eine beträchtliche Anzahl Kleidungsstücke. Den nötigen Stauraum schuf Andreas von Almen zwischen Ankleide und Schlafzimmer, wo die ganze Wand zum Schrank wird.

Oben: Emma blickt vom Schlafzimmer ihrer Eltern ins Tal. Das Naturerleben im Hotel Bellevue des Alpes ersetzt hier den obligaten Wellnessbereich.

INCELLA

Der Architekt Daniele Claudio Taddei hat inmitten eines Tessiner Weinberges einen modernen einfachen Holzkubus gebaut. Er bietet den Bewohnern die Zurückgezogenheit, Ruhe und den kreativen Raum, den sie suchen, und integriert sich dabei harmonisch in die ländliche Umgebung.

Fotografie: Bruno Helbling

„Dieses Haus hat absolut keinen Repräsentationsanspruch", sagt der Tessiner Architekt Daniele Claudio Taddei. „Es ist ein Ruheort, an dem man ausspannen und einfach sein kann." Das Holzhaus – Casa Larga genannt –, welches der in Zürich lebende Architekt zusammen mit seinen zwei Freunden Daniel B. Milnor und Stefan Lüttecke als zweites Zuhause gebaut hat, steht hoch über dem Lago Maggiore, kurz vor der Grenze zu Italien. Das Grundstück liegt am Rand des mittelalterlichen Dorfes Incella in einem Weinberg, welcher vor rund 200 Jahren terrassiert worden war. Eine wichtige Bedingung für den Bau der „Kreativscheune", wie die Bewohner sie nennen, war, dass sich die Kosten auf ein Minimum beschränken würden. Dies kam der Vorstellung der drei Zürcher eines einfachen Hauses ohne Schnickschnack, dafür mit schlichten weiten Räumen, in denen sich Ruhe einstellen und Kreativität entfalten kann, entgegen.

Daniele Taddei hat in Stuttgart Architektur studiert und im Jahr 2000 sein eigenes Büro in Zürich gegründet. Bei seinem Tessiner Projekt hatte die Tatsache, dass das Grundstück durch keine Straße erschlossen wird, starken Einfluss auf die Wahl des Gebäudetyps und der Materialien. Schnell war dem Architekten klar, dass die beste Lösung ein Bau aus vorfabrizierten Holzelementen sein würde. „Holz ist eines der leichtesten Baumaterialien", erklärt er. „Und obschon die traditionellen Häuser der Region aus Stein gebaut sind, ist Holz keineswegs fremd in der Gegend und findet sich in zahlreichen Landwirtschaftsgebäuden wieder." Außerdem orientierte er sich bei seinem Neubau an den Volumen lokaler Bauten und interpretierte diese neu. Das von Daniele Taddei entworfene Haus besteht aus 90 Elementen. Die Einzelteile wurden in der Zentralschweiz vorfabriziert und auf Lastwagen über die Alpen transportiert. Da der Baugrund keine Zufahrt hat, musste das letzte Stück des Weges per Luft bewältigt werden. Ein Helikopter hievte die Bauteile auf das Betonfundament. Innerhalb von drei Tagen wurden die Paneele, welche bereits Fenster und Installationen enthielten, zu einem imposanten Gebäude gefügt, das in dem steilen Rebhang über dem See noch größer erscheint.

Die Casa Larga ist ein dreistöckiger Kubus

mit großen Fenstern auf allen Seiten. „Das Prinzip Offenheit bestimmte auch die Aufteilung des Raumes", erklärt der Architekt. „Auf der obersten Etage geht die offene Küche in einen geräumigen Wohnbereich mit einer nach Süden orientierten Loggia über. Dieser Raum ist der zentrale Treffpunkt des Hauses, wo sich das soziale Leben abspielt." Auf den unteren Etagen befinden sich drei Schlafzimmer sowie ein luftiges Atelier mit doppelter Raumhöhe. Hier dient eine Galerie als zusätzliches Gästezimmer. Ein helles Treppenhaus verbindet die Etagen mit einer leichten Holzkonstruktion. „Das Gebäude ist vom Untergeschoss her erschlossen", erläutert Daniele Taddei, „und strebt über vier Stockwerke turmartig nach oben. Auf horizontale Korridore habe ich komplett verzichtet." Vor dem Haus befindet sich ein kleiner Garten, und dahinter beginnt der – in seiner originalen Terrassierung belassene – Rebberg. Die Sicht reicht von der Magadinoebene im Norden über die Gambarogno-Kette am anderen Seeufer bis weit nach Italien im Süden. „Das Haus ist zwar nicht konstant bewohnt, aber wir benützen es zu jeder Jahreszeit", sagt Daniele Taddei. „Deswegen spielte die Baubiologie eine sehr wichtige Rolle. Unser Ziel war, ein angenehmes Raumklima für alle Jahreszeiten zu schaffen." Dies erreichte der Architekt mit einer dampfdurchlässigen Wandkonstruktion aus natürlichen Materialien. Die mit Zellulose gefüllten, sandwichartigen Wände können atmen. Zudem garantieren sie eine sehr gute Energieeffizienz, da sich die Räume im Winter sehr schnell aufheizen lassen. Natürliche Materialien kamen auch bei sämtlichen Oberflächen zum Einsatz: Die Böden sind schlichte Tannendielen, während die verputzten Wände mit einer auf Wasser basierenden Farbe weiß gestrichen wurden. Der Außenmantel aus unbehandelten Lärchenbrettern schließlich verwittert auf natürliche Weise, verfärbt sich mit der Zeit silbergrau und wird sich so immer besser in die ursprüngliche Tessiner Landschaft fügen.

Das luftige Atelier reicht über zwei Etagen und hat rundum großzügige Öffnungen. Die Galerie gehört zu einem der Schlafräume.

Ganz oben: Die Sicht reicht über die Länge des Lago Maggiore von Ascona im Norden bis weit nach Italien im Süden.

Oben: Sicht in eines der drei Schlafzimmer auf den unteren Etagen. Sämtliche Räume bestechen durch ihre Luftigkeit, das schlichte Material und die einfache Ausstattung. Die Böden bestehen aus Tannenholzriemen.

Ganz oben: Herz des Hauses ist der große Wohnraum mit offener Küche auf der obersten Etage.

Oben: Mit der nach Süden ausgerichteten Loggia und einem Balkon auf der Ostseite verfügt das Wohnzimmer über lauschige Außenräume mit wunderbarer Fernsicht auf die Alpen der Südschweiz, Italien und den Lago Maggiore.

Rechte Seite: Das Atelier befindet sich im Erdgeschoss des Hauses und reicht über zwei Etagen. Selbst von hier geht die Sicht über die Dächer des Dorfes auf See, grüne Hügel und Berge.

Oben: Der alte Rebberg, auf welchem heute unter anderem Olivenbäume wachsen, wurde vor rund 200 Jahren terrassiert. Der Architekt hat ihn möglichst ursprünglich belassen.

Links: Am Fuße des Hauses befindet sich der üppige Garten samt Swimmingpool.

Linke Seite: Hohe Fenster und die Fassade aus vertikal montierten Lärchenholzbrettern lassen das dreistöckige Gebäude schlank und hoch aussehen. Die oberste Etage verfügt über eine breite, nach Süden ausgerichtete Loggia.

MATTEN BEI INTERLAKEN

Luxus und Glamour liegen ihr fern. Die Berner Oberländerin Christina Keller sucht die Schönheit im Einfachen und Authentischen. Ihre Inspiration ist die Natur Irlands, ihr Hafen das selbst gebaute Holzhaus bei Interlaken, das Ausdruck ihrer Lebenshaltung ist und der gewachsenen Umgebung Respekt zollt.

Fotografie: Martin Guggisberg

Es gibt wenige Häuser, in denen man sich so schnell heimisch fühlt wie im Holzhaus der Familie Keller im Berner Oberland. Das mag an der Schönheit des Ortes liegen, dem urgemütlichen Charme der traditionellen Architektur, sicherlich tun auch die Magie der puren Einrichtung, die ehrlichen Materialien und die liebevoll gebundenen Blumensträuße das Ihre, doch in erster Linie ist es die Gastgeberin, die einem mit ihrer Herzlichkeit empfängt und das Haus mit ihrem Wesen beseelt. Schon beim Eingang lockt der Duft frisch gebrauten Kaffees und vermischt sich in der Küche mit dem süßen Parfüm von Holunderblütensirup, der in zwei alten Porzellanschüsseln angerührt wird. Auf dem schlichten Holztisch stehen frisches Brot und Käse bereit. Letzterer stammt von der eigenen Kuh, welche die Familie „mietet" und die ihre Sommer glücklich auf einer Berner Alp verbringt, wo sie Milch für die würzigen Käselaibe liefert, dieim Keller des Hauses reifen. Hier werden nicht Schein und Glanz, sondern tiefere Werte gepflegt. Natürliche Schönheit und die Echtheit der Dinge schaffen eine Atmosphäre der Ruhe und Besinnlichkeit.

In Matten, einem kleinen Dorf bei Interlaken – idyllisch zwischen Thuner- und Brienzersee und mit Sicht auf das Herz der Schweizer Alpen gelegen – hatte man von einem Großonkel ein Stück Land geerbt. Hans Keller zeichnete das künftige Familienheim selbst und baute ein Modell. Ein befreundeter Architekt half ihm bei fachlichen Fragen. Heute mag man kaum glauben, dass das Holzhaus erst 1989 gebaut wurde, denn in seiner Erscheinung fügt es sich nahtlos ins alte Ortsbild ein. „Uns war wichtig, auf lokale Traditionen und die Umgebung einzugehen", erklären die beiden. Das Erdgeschoss ist gemauert, während der Rest des Hauses aus Holz besteht. Selbst bei den Wetterschenkeln, die man seit den 40er Jahren zwecks Witterungsbeständigkeit aus Aluminium fertigt, bestanden Christina und Hans auf Holz. „Wir mussten uns bei den Handwerkern ganz schön durchsetzen", erinnern sie sich. Am meisten Kopfschütteln ernteten sie mit ihren alten Türen, die sie im Vorfeld des Hausbaus gesammelt hatten, und welche in ihrem Haus nun zum Einsatz kommen sollten. Christina hatte sie eigenhändig restauriert und von einem Schlosser

passende Schlösser anbringen lassen. „Die Zimmer wurden regelrecht um die Türen herum angelegt", lacht die Bernerin. Trotz des mächtigem Widerstands von Seiten der Zimmermänner, waren am Schluss alle stolz auf die geleistete Arbeit, und das Haus landete gar als Vorzeigeobjekt in der Schreinerzeitung. Christina Keller schätzt in ihrem Zuhause die Schönheit des Einfachen. Viele der durchwegs alten Möbel wurden in ihren Lieblingstönen, den Meeresfarben Grau, Blau und Grün, gestrichen. Die Tannenriemenböden, der schlichte Sandsteinofen oder die Pflastersteine in der selbst entworfenen Holzküche bestechen mit ihrer Purheit und altern mit Würde. Wohnen und Einrichten ist neben der Arbeit als Floristin und Gärtnerin ihre zweite Passion. Mehrmals im Jahr stellt sie einen eigenen Flohmarktstand und verkauft neben ihren Natursträußen selbst restaurierte Möbel. „Ich versuche, den Leuten die Schönheit von einfachen Dingen zu vermitteln", erklärt sie. „Zuhause muss man sich erholen können, Dinge anschauen, die schön sind und einem gut tun."
Ihre Liebe zu Blumen und ihr künstlerisches Flair hat Christina schon vor langer Zeit entdeckt, doch erst eine Reise nach Irland vor einem Jahrzehnt brachte ihr die Natur wirklich nahe. „Die Natur", sagt sie, „zeigt eine Perfektion, die der Mensch niemals erreicht. Überlässt man einen Flecken Erde sich selbst, entsteht ein perfekt assortiertes Pflanzenensemble." In der Nähe der irischen Stadt Cork hat sie seit ihrer ersten Reise viele Sommer verbracht. Dort genießt sie das einfache Leben in einem Cottage, sammelt Kraft und Energie. Auf Spaziergängen erkundet sie die umliegenden Felder, Hügel, Wälder und die wilden Strände und lässt sich von der Natur zu kraftvollen Blumen- und Pflanzenarrangements inspirieren, die sie auf einem nahen Markt oder an die umliegenden Hotels verkauft. Auch in der Schweiz, wo sie am liebsten an ihrem alten Tisch im Garten arbeitet, bedient sie sich heute nur noch von dem, was die Jahreszeit gerade hergibt. „Man sollte viel mehr auf die Natur hören", sagt sie. „Von ihr kann der Mensch noch viel lernen."

Oben: Die Küchenzeile wurde aus massivem, einheimischem Tannenholz gebaut. Der Raum ist auch Esszimmer und öffnet sich zum Garten und zum Wohnzimmer nebenan.

Vorhergehende Seite: Die Idee für die Holzläden stammt von einem historischen Haus im selben Dorf, welches heute in einem Freilichtmuseum steht. Die Läden lassen sich vollständig hochklappen, wie im Bild zu Schatten spendenden Vordächern fixieren oder ganz schließen.

Oben: Der alte Küchenofen stand vor einem Haus und sollte weggeworfen werden. Christina und Hans schnappten sich das schöne Teil und reaktivierten es. Christina liebt es, darauf zu kochen.

Links: Wie bei alten Berner Häusern üblich verläuft auch am Keller'schen Haus auf beiden Seiten eine lange, schmale Laube.

In alten Eimern und Töpfen warten die verschiedenen Blumen auf ihren Einsatz.

Christina Keller an ihrem Lieblingsarbeitsplatz im Garten. Sie bindet ein Bouquet Pfingstrosen und Rosen.

Ein Strauß Taubenkropf-Leimkraut begrüßt Besucher im Eingangsbereich.

Im Sommer steht die Küchentür offen, und der bunte Garten wird zum erweiterten Wohnraum.

Oben: Der Trittofen im Wohnzimmer wurde aus örtlichem Sandstein gefertigt und ist das echte Herzstück des Hauses.

Linke Seite: Im Wohnzimmer der Kellers stehen nur wenige alte Möbelstücke. Die Tannenriemenböden wurden weiß gestrichen. Als Vase auf dem Tisch dient der Wasserbehälter eines alten Ofens.

Oben: Christina Keller liebt Meeresfarben. Ihr Schlafzimmer hat sie türkisfarben gestrichen, die alte Kirchenbank darin dunkelblau.

Linke Seite: Die Wände im Obergeschoss wurden um Christina Kellers Sammlung alter Türen herum angelegt, sehr zum Missfallen der Handwerker.

Links: Blick ins Badezimmer, dessen Wände noch immer so blau sind, wie sie vor über 20 Jahren gestrichen wurden.

KLOSTERS

In einer Chaletwohnung im bündnerischen Klosters haben die Innenarchitektinnen von Atelier Zürich bewiesen, dass man alpine Gemütlichkeit auch zeitgemäß und ohne die gängigen Alpenklischees kreieren kann.

Fotografie: Martin Guggisberg

Dass Frauen ein überaus sensibles Händchen für Gestaltung, Architektur und Einrichtungen haben, ist hinlänglich bekannt, und doch sind männliche Innenarchitekten nach wie vor in der Überzahl, und rein weibliche Innenarchitekturbüros gibt es kaum. Eine Ausnahme bildet das Atelier Zürich. Das zehnköpfige Team ist, derzeit jedenfalls, ausschließlich weiblich und jung. Claudia Silberschmidt hat ihr Büro 1999 als Ein-Frau-Unternehmen gegründet. Mittlerweile ist es aus der gleichnamigen Stadt nicht mehr wegzudenken: Mit der Neugestaltung des Cafés im denkmalgeschützten Tramrondell am Bellevue hat es sich ebenso einen Namen gemacht wie mit dem so gemütlichen wie zeitgemäßen Stadthotels Helvetia. Daneben hat das Innenarchitekturbüro zahlreiche Privathäuser renoviert und eingerichtet. Atelier Zürich betrachtet jede Aufgabe als unbeschriebenes Blatt. Copy-paste kommt für die Damen nicht in Frage. „Jedes Projekt", so sagt Claudia Silberschmidt, „bietet unterschiedliche Voraussetzungen, die Bedürfnisse der Bewohner sind verschieden". Vorhandenem begegnen sie mit großem Respekt. Manches Element, das sich bewährt hat, wird ins neue Konzept integriert. Die Tabula-rasa-Methode entspricht der Innenarchitektin nicht, denn für sie hat jeder Ort eine Seele, welche man behutsam anfassen und bewahren muss.

Eigentlich war sie bei ihrem Projekt in Klosters lediglich um Rat bei der Wahl von Küche und Bad gefragt worden. Das Zürcher Ehepaar mit drei Kindern hatte sich zwei nebeneinander liegende Wohnungen in einem Chaletneubau gekauft und zu einer großen zusammenlegen lassen. „Die Pläne für die schlüsselfertigen Wohnungen waren ziemlich konventionell", erinnert sich Claudia Silberschmidt. Schnell merkte die Bauherrschaft, dass ihre Vorstellungen einer alpin-gemütlichen, dabei aber modernen Wohnung von Atelier Zürich genau verstanden wurden, und so erteilten sie dem Büro den Auftrag für den kompletten Innenausbau.

Die Besitzer wünschten sich eine Art urbanen Chaletstil, und so mussten sich die Innenarchitekten – an Bord war mit Philipp Hoflehner bei diesem Projekt auch ein Mann – als Erstes überlegen, wie sie eine heimelige Atmosphäre in die Räume zaubern konnten, ohne dabei auf

Klischees zurückzugreifen. „Wir wollten zwar auch mit Holz, karierten Stoffen und traditionellen Möbeln arbeiten, aber in überraschender, zeitgemäßer Interpretation und nicht einfach als Abklatsch herkömmlicher Chalets", erklären sie. Der vorhandene Grundriss verfügt über einen zentralen Kern mit Bädern, Toiletten und Stauraum, um welchen sich die Wohnräume schmiegen. Diesen kleideten die Gestalter in Eichenholz und machten ihn zum warmen Herz der Wohnung. Die restlichen Wände sowie die Decken ließen sie in einem hellen, warmen Grauton streichen, der mit den Holzeinbauten und -fenstern harmoniert und den Räumen eine angenehme Grundstimmung verleiht. Einen Glückstreffer landeten sie dabei mit dem Schreiner Markus Egger aus Scuol, welcher ihnen nicht nur sämtliche Holzeinbauten auf Maß anfertigte, sondern in kniffligen Bausituationen stets um optimale Detaillösungen bemüht war.

Die Eichenoberflächen, welche neben ihrer ruhigen Maserung auch den Vorteil der Robust- und Dauerhaftigkeit haben, wurden gebürstet und geölt. Die Schranktüren erhielten Ledergriffe, die Fenster dunkelgraue Leinenvorhänge und der maßgefertigte Schreibtisch des Bauherrn eine schwarze Linoleumoberfläche. Etwas Besonderes ließen sich die Innenarchitekten für die Bäder einfallen: „Karierte Stoffe sind ein typisches Wohnelement aus den Alpen. Neben den karierten Tapeten und Bettbezügen kleideten wir deshalb die Badezimmer mit Mosaikkacheln im Vichykaro-Muster aus." Der textile Charakter, den die Nasszellen so erhalten, ist überraschend und doch vertraut – wohl deshalb, weil alte Chaletbäder mit ihren Holzriemenböden, karierten Vorhängchen und einem einfachen Waschbecken eine ähnliche Atmosphäre hatten.

So ist eine Ferienwohnung in den Alpen entstanden, welche sich an Bildern und Stimmungen traditioneller Berghäuser orientiert und diese auf erfrischende Weise interpretiert. Die zufriedene Bauherrschaft nutzt ihr alpines Refugium, wann immer sie kann. Für die Innenarchitekten selbst ist es jeweils ein schmerzlicher Akt, ein fertiges Objekt nach Monaten der intensiven Arbeit und Auseinandersetzung loszulassen. „Wenn wir dann wieder mal auf Besuch kommen, ist es jedes Mal, als ob man heimkommt", lacht Claudia Silberschmidt. Wenn das kein gutes Zeichen ist…

Vorhergehende Seite: Blick von der Küche durch den offenen Wohn- und Essbereich, welchen Atelier Zürich mit gemütlichen Elementen eingerichtet hat. Teppich und Kissen stammen aus Kirgisien.

Die Frühstücksecke wurde mit einem schneeweißen Holztisch, einer Spezialanfertigung von Schreiner Markus Egger, und jeder Menge Kissen mit alpinen Mustern ausgestattet.

Die traditionellen Stabellen ließen die Innenarchitektinnen in einer Reihe miteinander kombinierbarer Farben malen und verliehen ihnen damit zeitgemäße Frische.

Rechte Seite: Die Küche ist eine Maßanfertigung von Schreiner Markus Egger nach einem Entwurf von Atelier Zürich. Die Fronten sind aus Eichenholz, die Arbeitsflächen aus Edelstahl. Der frei stehende Korpus wurde schokoladenbraun lackiert.

Vorhergehende Doppelseite: Der Eichenholzkern der Wohnung verfügt im Elternschlafzimmer über Wandschränke und Bücherregale und erweitert sich hier zum Büro. Eine Verbindungstür geht direkt ins blau gekachelte Elternbad.

Links: Das Elternbadezimmer erhielt Wandkacheln im Vichykaro-Muster, was ihm einen textilen Charakter verleiht. Die Dusche ist zugleich ein Dampfbad mit gekachelter Sitzbank.

Rechte Seite, links: Das Gästezimmer hat wie die ganze Wohnung einen Boden aus Eichenholz und Wände in einem warmen Grauton. Ein weißer Schneestern ziert eine Ecke des Raumes.

Rechte Seite, rechts: Für den Bauherrn ließ Atelier Zürich im Schlafzimmer einen Arbeitsplatz anfertigen. Er besteht wie sämtliche Einbauten der Wohnung aus Eichenholz und hat eine Arbeitsfläche aus schwarzem Linoleum.

Oben: In der Eichenwand im Eingangsbereich verstecken sich Garderobenschränke und Schubladen. Im praktischen Sitzquader verbirgt sich zusätzlicher Stauraum.

Linke Seite: Praktisch, flexibel und lustig: Das Kinderzimmer erhielt ein Kajütenbett mit einem unteren Teil, der locker Platz für vier Kinder bietet. Der Spieltisch lässt sich auf- und zuklappen, die Leiter verschieben, und Schubladen sorgen für genügend Stauraum.

BRIENZERSEE

An schönster Lage im Berner Oberland ist ein außergewöhnliches kleines Wohnensemble entstanden, das der Umgebung und lokalen Tradition ohne anbiedernde Heimattümelei Ehre erweist.

Fotografie: Daniel Gerber

Da staunten die Bewohner des Berner Oberländer Dorfes am Brienzersee nicht schlecht, als innerhalb eines einzigen Tages ein ganzes Haus entstand. Wo am Morgen noch ein tristes Betonfundament künftige Bautätigkeiten ankündigte, standen am Abend bereits drei schicke Holzkuben. Ein wahres Spektakel bot sich dem idyllischen Dörfchen an jenem nebelverhangenen Februartag. Ganze Schulklassen hatten frei bekommen, um dem Schauspiel beizuwohnen, und so war die halbe Dorfbewohnerschaft versammelt, als ein Helikopter Element um Element zu eleganten, mit Lärchenholz verkleideten Volumen fügte. Geplant hatten das für die Region ungewöhnliche Bauprojekt, welches die lokale Holzbauweise neu interpretiert, die Architekten Oberholzer + Rüegg, heute Rüegg Architekten. Dass ihre drei Wohnkuben am Brienzersee eine Ausnahmebewilligung brauchen würden, war den Architekten aus Rapperswil am Zürichsee von Beginn an klar. Der Gemeinderat zeigte sich dem Projekt gegenüber sehr offen. Etwas schwieriger gestalteten sich die Überzeugungsarbeiten, die es beim Berner Heimatschutz und – dies kam für die Architekten überraschend – beim Uferschutzverband zu leisten galt. Ob man die Bauvorschriften überhaupt gelesen habe, wurden die jungen Architekten einmal gefragt. Im Nachhinein lachen Roman Oberholzer und Andreas Rüegg über diesen Spießrutenlauf, der dann ja auch ein gutes Ende nahm. Später entdeckte man gar ein Plakat, welches ihr Projekt am Brienzersee zeigt und das für die Offenheit des Heimatschutzes gegenüber moderner Architektur wirbt!

Zu dem Bauprojekt waren Oberholzer + Rüegg gekommen, als die Bauherrschaft – ein Ehepaar aus Bern – an die Zimmerei W. Rüegg AG in Kaltbrunn herangetreten war. Deren Inhaber, Andreas Rüeggs Bruder, bot den Architekten an, für ihn als Generalunternehmer ein Holzhaus aus vorfabrizierten Teilen zu entwerfen. Zwischen den beiden Architekten und der Bauherrschaft herrschte rasch Einigkeit. Das Ehepaar hatte sehr genaue Vorstellungen von dem Bau, der ihr Wochenenddomizil werden sollte, und hatte sogar schon eigene Skizzen gefertigt. Innerhalb kürzester Zeit lag dann der von den Architekten erarbeitete Entwurf auf dem Tisch. Der erwähnte Lauf durch die Ämter begann. „Die größte Herausforderung bei diesem Bau war die exakte Planung, die das Vorfabrizieren sämtlicher Bauteile verlangte", sagt Architekt Andreas Rüegg. Die Einzelteile des Hauses wurden in der Zimmerei in der Ostschweiz vorgefertigt. Zwei Lastwagen mit Anhängern transportierten die fertigen Wände komplett mit Schalung, Fensterglas, den Leitungen und Anschlüssen ins Berner Oberland. Die steile Hanglage machte schließlich den Einsatz des Helikopters nötig, der die 46 Teile auf das Fundament flog, denn mit den Lastwagen war das Grundstück unmöglich zu erreichen. Noch heute können es die Architekten selbst kaum glauben, doch jeder Anschluss saß, die Teile passten millimetergenau, und innerhalb von acht Stunden waren die Gebäude installiert.

Das Ensemble beinhaltet drei Holzkuben, die zwischen Straße und Eisenbahnlinie auf der einen und dem Grundstück eines historischen Hauses am See auf der anderen Seite stehen. Zwei versetzte Quader – der eine liegend, der andere hochgestellt – bilden die Wohneinheit. Auf der anderen Seite des gemeinsamen Kieshofes befindet sich die dritte Box, die ein Atelier enthält. Vom zweistöckigen Wohn- und Schlafquader öffnen sich die Fensterfronten zu einer wunderbaren Aussicht auf Bäume, See und Berge, einem Reigen aus kräftigen Blau- und Grüntönen.

Die Bewohner, denen die Boxen als Ferienwohnung, Wochenendhaus und Atelier dienen, können sich heute sogar vorstellen, hier ihren Hauptwohnsitz einzurichten. Durch Fernleitungen werden die Kuben von einer Heizung im Ateliergebäude erwärmt, so dass sie auch im Winter bewohnbar sind. Mit ihren Wohnbauten am Brienzersee haben es Oberholzer + Rüegg Architekten verstanden, die Wünsche der Bauherrschaft zu befriedigen, ihre eigenen Ansprüche zu erfüllen und dem Berner Oberland eine neue architektonische Vision zu geben.

Die drei Holzkuben stehen auf einer Terrasse im steilen Gelände und fügen sich bescheiden in die vorhandene Natur und Topografie ein. Die beiden linken Volumen beherbergen die Wohnräume, rechts befindet sich eine Atelierbox.

Linke Seite: Blick über den bekiesten Hof in die erste Wohnbox: Ess- und Wohnraum sind eins mit der Küche. Stolz der Architekten: die stützenlose Gestaltung der Fensterfront.

Rechts: Der Wohnraum ist mit einem langen, horizontalen Fenster versehen, das den Ausblick auf den See wie ein Bild rahmt.

BRIENZERSEE

Oben: Der Wohnraum im oberen Geschoss gewährt einen uneingeschränkten Blick auf See und Berge. Die zwei Holzsessel sind Nachbildungen von Art-déco-Originalen.

Linke Seite: Blick aus der Küche in der ersten Box in die zwei Geschosse des zweiten Volumens. Der Innenausbau in Nussbaumholz kontrastiert mit den Blau- und Grüntönen der Umgebung.

ARDEZ

Im Engadinerhaus in Ardez wohnten einst Mensch und Tier unter einem Dach. Mit einem sanften Umbau hat der Architekt Duri Vital hier Tradition und heutige Wohnkultur zu einem stimmigen Ambiente vereint. Eine Verbindung zwischen Wohntrakt und Scheune erweitert das historische Haus zu einem außergewöhnlichen Loft.

Fotografie: Quirin Leppert   Text: Ruth Händler

Wenn im Unterengadin der Winter mit seinen sternenklaren, eiskalten Nächten einzieht, begreift man sehr schnell die Logik des klassischen Bauernhauses in der Region: Die Tiere mussten im Haus sein, um die Arbeitswege zu rationalisieren und um die Wärme auszunutzen, die aus den Ställen im Souterrain nach oben zum Wohnbereich der Menschen drang. Das Heu, das sommers mit Pferdewagen durch das weite Haustor direkt in die Scheune gebracht worden war und den riesigen Speicher füllte, diente nun gleichzeitig als Isolation. Schmiegten sich zwei Häuser aneinander zu einem Doppelhaus, konnte man der Kälte noch besser trotzen.

An der Plazzetta von Ardez, dem wohl besterhaltenen Dorf im Unterengadin, ist die Hälfte eines solchen Doppelhauses von 1642 mit großem Respekt vor der bestehenden Bausubstanz ins 21. Jahrhundert geholt worden. Licht und Wärme, zeitgemäßer Komfort, klare Strukturen und neue Materialien lassen die historische Schönheit des Gebäudes wieder erstrahlen. 60 Jahre hatte das Haus leer gestanden – wohl auch, weil sein Manko offensichtlich war: Viel zu wenig Licht drang in den rückwärtigen Wohnteil der Doppelhaushälfte mitten im Ortskern. „Die Lage war nicht ideal", sagt die Käuferin Claudia Knapp. „Es gab weder Kanalisations- noch Wasseranschluss. Die düsteren Räume waren zugestellt mit Gerümpel. Aber man sah den Sulèr – den zwölf Meter langen Eingangsbereich mit den Kreuzbögen – und oben im ersten Stock die schwarze Küche und die kleine Arvenholzstube."

Die Schweizer Kulturmanagerin erkannte das Potential und engagierte zur stilvollen Renovierung einen Experten für Engadinerhäuser: den Architekten Duri Vital aus Sent, der mit einer ganzen Reihe von Umbauten sein Gespür für das stimmige Miteinander von Alt und Neu bewiesen hat. Dem Dorfhaus von Ardez verordnete Duri Vital einen Befreiungsschlag: Er öffnete es auf allen drei Wohnebenen zur Scheune hin und ließ in deren Holzlattung weite Fensterläden sägen. Glasschiebetüren zwischen den beiden Bereichen holen das Licht in die vormals beklemmend dunklen Räume. Die Holzebenen des ungeheizten Heustadels sind die Sommerzimmer und Terrassen, auf die sich in den wenigen warmen Monaten das Wohnen ausdehnt. Selbst im

Winter, wenn die wie elektrische Garagentore funktionierenden gläsernen Schiebetüren geschlossen sind, können die Läden des Heuspeichers offen bleiben. „Es schneit ein bisschen rein", sagt Claudia Knapp. „Aber die Luft ist hier trocken, und dem Lärchenholz macht es nichts aus." Der gemauerte Wohntrakt wird nun mit Erdwärme geheizt. Die Arvenholzstube mit dem Erker zur Gasse hält die Erinnerung an früher wach. Hier versammmelte sich einst die Familie an den langen Winterabenden. „Die Frau und die Kinder", erzählt Claudia Knapp, „saßen dann auf den umlaufenden Bänken, und der Mann hatte den Platz am Ofen." Das Schmuckstück ihrer „Stüva", das reichverzierte Buffet, hat sie aus dem Heimatmuseum in sein ursprüngliches Ambiente zurückgeholt. Hinter dem verputzten Ofen, der mit einem Einsatz elektrisch beheizt wird und unabhängig von der Heizung zu regulieren ist, führen ein paar Tritte hoch zu einer Luke. Früher stieg man von hier aus direkt ins gemeinsame Schlafzimmer, um das eisige Treppenhaus zu meiden. Wie die niedrige Holzkammer, die in die Tenne ragte und wahrscheinlich im 18. Jahrhundert mit einer weiteren Kammer für die Knechte aufgestockt wurde, blieb auch die Küche mit dem pechglänzenden Gewölbe als einzigartiger Teil des historischen Hauses erhalten. In der „Chà da fö",

dem Haus des Feuers, wie die Küche im poetischen regionalen Idiom heißt, ist nun auf kleinstem Raum die Hightechausstattung für moderne Kochfeste untergebracht. Gegenüber, in der ehemaligen Speisekammer, richtete der Architekt das Badezimmer ein. Waschbecken und Badewanne sind Schreiner-Maßarbeit, gefertigt aus altem Stall-Lärchenholz. Als eine Art Engadiner Bauern-Loft ist das neu ausgebaute zweite Obergeschoss gestaltet. Der helle Epoxidharzboden reflektiert das Licht im offenen Arbeitsraum. In Analogie zu den beiden alten Schlafkammern wurde eine moderne Kammer eingestellt: Der glatte Metallkubus, der nachts über einem Leuchtband zu schweben scheint, beherbergt ein Duschbad und die Ankleide. Dass der Scheunenteil zu dieser Doppelhaushälfte höher ragt als der nachbarliche, nutzte der Architekt zu einem spektakulären Extra: Vom zweiten Geschoss führt eine hölzerne Treppe direkt zum Himmelszimmer unter den Dachbalken: Hier liegt die wind- und regengeschützte Südterrasse mit Panoramablick auf die Unterengadiner Dolomiten.

Vorherige Seite: Ein breiter Holzläufer ersetzt im großzügigen Eingangsbereich den roten Teppich. Hirsch Giovanni grüßt die Besucher. Er stammt aus einem Senter Antiquitätenladen.

Oben: Überwältigend ist der erste Eindruck im Engadinerhaus mit dem zwölf Meter langen Durchgang zur Scheune.

Der Bohlenboden stammt noch aus dem 16. Jahrhundert und hat die Brandschatzungen von 1621 überlebt, denen der Rest des Vorgängerbaus zum Opfer fiel. Mit einem glatten Holzläufer aus Tannenbrettern wurde der wellige Untergrund gangbar gemacht.

Oben: Die angenehmen Proportionen des historischen Wohntrakts mit seinen Gewölbedecken, den Nischen in den dicken Mauern und den alten Holztüren hat der Architekt bei der Renovierung respektiert und neu ins Licht gesetzt. Im Boden aus geschliffenem Beton liegt jetzt die Heizung.

Linke Seite: Das pechgeschwärzte Gewölbe der Küche gehört zu den historischen Trümpfen des Hauses. Denn die sogenannten Schwarzen Küchen, die von der einzigen offenen Feuerstelle im Engadinerhaus gezeichnet wurden, sind inzwischen eine Rarität. Auf kleinstem Raum ist hier das Hightech-Equipment für heutige Kochkünstler eingepasst.

Genügend Platz für eine große Tischgesellschaft bietet der Vorraum zu der kleinen Küche und der historischen Stube im ersten Obergeschoss.

Oben: Eine neue gemauerte Treppe mit Metallauflagen ersetzt die kaputten alten Steintreppen.

Rechts: Der Wechsel von Kammern, in denen man wie in einer hölzernen Schatulle geborgen ist, zu loftähnlicher Weite macht den besonderen Charme des Hauses aus. Der Gang durch die einzelnen Ebenen wird hier zur spannenden Zeitreise durch alte und neue Wohnwelten.

Rechte Seite: Loftatmosphäre bestimmt den offenen Arbeitsraum im zweiten Obergeschoss, wo der neue weiße Epoxidharzboden das Licht reflektiert. Die Glastrennwand schafft einen weiträumigen Durchblick von Arbeitsplatz und Bibliothek zum Scheunenteil. Von dort führt eine Holztreppe hoch zur Südterrasse, die ebenfalls neu geschaffen wurde.

Wie die beiden historischen Schlafkammern ist der moderne Eisenkubus mit Duschbad und Ankleide als Raumskulptur in die offene Weite über dem eigentlichen Wohntrakt eingestellt.

Oben: Die hölzerne Kammer im zweiten Stock wurde wahrscheinlich im 18. Jahrhundert gebaut, als man viele Engadinerhäuser aufstockte. Seit das alte Bett am Fußende verlängert wurde, können sich auch große Gäste darin bequem ausstrecken.

Links: Herzstück des Hauses ist wie früher die Wohnstube. Auch fast 400 Jahre nach dem Einbau duftet die Arvenholzverkleidung, die den Pulsschlag verlangsamt und eine auch wissenschaftlich erwiesene beruhigende Wirkung hat.

Vorherige Doppelseite: Die kleine Schlafkammer wurde im 17. Jahrhundert als Strickholzbau errichtet. Aus der Wohnstube kletterte man früher durch eine Luke hoch. Die Tagesdecke stammt aus dem usbekischen Samarkand, der Kelim aus Marokko.

Oben: Im Winter wird der ungeheizte Scheunenteil zu einer Bühne, deren dekorative Inszenierungen man aus dem geheizten Wohntrakt durch die Glasscheibe goutieren kann. In den warmen Monaten dagegen wird die Tenne zum Sommerhaus.

Rechte Seite: Mit beheizter Kopfsteinpflasterung ist die sogenannte Cuort ausgestattet. Das Souterrain war einst das Reich der Tiere. Jetzt sind in den ehemaligen Ställen die Hauswirtschaft und Technik untergebracht.

LOCARNO

*Von der Berner Punkszene über West Hollywood und Südfrankreich nach
Locarno – Eva Gnädinger ist eine Jetsetterin in Sachen schöner Wohnen.
Wo sie hinkommt, verwandelt sie Immobilien in Traumhäuser. Am Lago Maggiore
hat sie nun einem biederen Ferienhaus frisches Leben eingehaucht.*

Fotografie: Sabrina Rothe

Ob ein altes Landgut oder ein Schloss in Frankreich, ob ein Haus in L.A. oder eine Berner Altstadtwohnung – Eva Gnädingers Domizile sind nie einfach nur Wohnorte, sondern immer auch Ausdruck ihrer Leidenschaft für Schönheit und die Besonderheiten des jeweiligen Spiritus Loci. Diesen genießt sie für ein paar Jahre, bevor es sie weiterzieht. Was für sie die Erfüllung von Träumen und das Erobern neuer Orte bedeutet, heißt dabei immer auch loslassen und neue Wurzeln schlagen. Aufgewachsen ist Eva Gnädinger in der Nähe von Bern. Nach einer Apothekerlehre in der Hauptstadt tauchte sie in die damals blühende Punkszene ein und wurde Mitinhaberin eines erfolgreichen Kleiderladens. Outfitmäßig und wohntechnisch waren dunkle Farben und vor allem Schwarz angesagt. Dies änderte sich mit dem Umzug ins sonnige Los Angeles. „Plötzlich musste alles hell, weiß und leicht sein", erinnert sie sich. Eine Weile arbeitete sie hier als Bühnenbildnerin, bevor sie sich ganz auf die Innenarchitektur konzentrierte.

Im Jahr 2000 kehrte Eva Gnädinger nach Europa zurück. Während drei Jahren renovierte und bewohnte sie in der Provence ein altes Schloss voller Charme und Patina, bevor sie es wieder verkaufte. Zwei Jahre verbrachte sie darauf mit der Renovierung und dem Verkauf einer weiteren Liegenschaft in Südfrankreich und kehrte schließlich in die Schweiz zurück. Am Sonnenhang über Locarno suchte sie nach einem neuen Projekt und fand ein Haus aus dem Jahre 1975. „Es war zwar schrecklich bieder, aber hatte Veränderungspotential", sagt Eva Gnädinger. Es waren die Lage hoch über dem See, die Überhöhe des Wohnzimmers sowie die alten Obstbäume im Garten, welche sie zum Kauf des zweistöckigen Hanghauses bewegten.

„Sobald ich ein Haus mit Verbesserungspotential sehe, kribbelt es mich in den Fingern", lacht die Innenarchitektin. Für das Tessiner Projekt zog sie ihren Bekannten Hans Sahli aus Südfrankreich hinzu, der ihr schon bei zwei Projekten mit Rat und Tat zur Seite gestanden hatte. Die Vielseitigkeit und Energie des gelernten Sanitärinstallateurs sind für Eva unentbehrlich. So ging das eingespielte Team ans Werk. Es wurden Wände herausgeschlagen und neue eingezogen, Küchen und Bäder herausgerissen, alte

Einbauschränke versetzt und umgestrichen. „Ich baue auf der vorhandenen Substanz auf", erläutert Eva ihre Vorgehensweise. „Ich versuche, den Stil eines Hauses aufzunehmen und weiterzuschreiben." Kreativität statt Geld, lautet die Devise. Und viel Fleiß. So wurde aus dem Wohnzimmer des Südschweizer Hauses ein offener, moderner Wohnraum, der seine Herkunft aus den 70er Jahren mit einem James-Bond-würdigen Ambiente unterstreicht. Ein ehemaliger Gartenraum wurde zum großzügigen Atelier, die Küche geöffnet, Badezimmer und Ankleide mit dem Schlafzimmer zu einer privaten Wohlfühloase verschmolzen und der Garten neu organisiert, so dass er im Frühling in einem Rausch aus Rosa-, Pink- und Lilatönen explodiert.

Für die Einrichtung konnte Eva Gnädinger einerseits auf ihre wenigen, sie treu begleitenden Möbelstücke – wie etwa den Tulpentisch samt Stühlen von Eero Saarinen – zurückgreifen, andererseits ging sie auf Jagd in den lokalen Trödelläden sowie alljährlichen Sperrgutsammlungen. „Es ist unglaublich, welch wertvolle Dinge die Leute in den Müll werfen", ereifert sich die Bernerin, die schon Tage vor dem Sammeltermin nervös wird. Aus Materialien und Einzelteilen alter Leuchten kreiert die Innenarchitektin seit einigen Jahren übrigens auch ihre eigenen Leuchten. In ihrem Tessiner Haus strahlen Unikate und Prototypen jeden Stils mit unterschiedlichen Füßen, eigens kreierten Stoffschirmen und Kronleuchterkristallen um die Wette. Ziel jeder Renovierung ist, die Immobilie herzurichten und dann einen neuen Besitzer zu finden. So nähert sich auch im Tessin die Zeit, da Eva ihre Sachen packt und weiterzieht. „Sobald ich ein neues Objekt finde, kann ich das alte loslassen", sagt sie. Doch auch die Globetrotterin möchte eines Tages sesshaft werden, irgendwann, irgendwo. Denn wie eingangs gesagt: „Immer wieder loslassen und neu ankommen ist unglaublich anstrengend. Und jedes Haus birgt auch Risiken und Überraschungen, etwas, das man nicht kalkuliert hat." Doch trotz des Wunsches nach einem festen Zuhause schließt sich Eva Gnädinger den Worten eines Immobilienmaklers aus Frankreich an: „Einer der spannendsten Momente ist, wenn man den Schlüssel eines Hauses übernimmt, einer der schönsten, wenn man ihn wieder abgibt."

Vorhergehende Seite: Blick über den Spiegel im Entree in den offenen Wohnraum mit Ess- und Loungebereich. Die Schiebetüren zur Terrasse ließ Eva Gnädinger neu einbauen.

Oben: Die neue Besitzerin öffnete die vormals verschachtelten Räume. Wohn-, Essbereich und Küche bilden den großzügigen Hauptaufenthaltsraum des Hauses. Die dunkelgraue Kaminwand beherbergt auch einen Flachbildschirm.

Den Ledersessel fand die Bewohnerin bei einem Trödler in Bern, den 70er-Jahre-Loungetisch in Locarno. Die Bodenplatten mit Schieferoptik sind aus Feinsteinzeug.

Oben: Die schwebende Konsole im Schlafzimmer hat Eva Gnädinger selbst entworfen.

Links: Die originalen Stühle und der Esstisch Tulip stammen aus Evas Zeit in Los Angeles. Ein altes Einbaumöbel aus dem Haus fand – weiß gestrichen – eine neue Aufgabe als Sideboard. Das Gemälde darüber stammt von dem deutschen Künstler Kiddy Citny, die Leuchte ist eine Arbeit der Bewohnerin.

Oben: Das Glas mit den Vögeln gehört Evas Schwester und stammt von einem französischen Antikmarkt.

Links: Ein schlichter alter Holztisch und neu bezogene Sessel aus den 50er Jahren zieren den Wohnraum des Gästeappartements. Vor der Gartentür blüht ein Apfelbäumchen.

Oben: Blick in den Schlafraum des Gästeappartements.

Links: Das Badezimmer umfasst eine frei stehende Wanne sowie eine Dusche und dient zugleich als Ankleide. Im Hintergrund das Schlafzimmer der Besitzerin mit eigenen Leuchtenkreationen.

Rechte Seite: Das Schlafzimmer ist um die lilafarbene Bettwäsche herum entstanden.

Vorhergehende Doppelseite: Aus dem ehemaligen Keller- und Geräteraum hat die Bewohnerin ihr lichtdurchflutetes Atelier gemacht. Hier entstehen ihre unikaten Leuchten, die sie aus antiken und neuen Teilen baut.

Oben: Eva Gnädinger hat das biedere Ferienhaus von 1975 gründlich aufgewertet. Das ehemalige Weiß der Fassade ist einem eleganten Lehmton gewichen. Im Untergeschoss befindet sich die Gästewohnung.

Rechte Seite: Die mit Platten aus lokalem Granit ausgelegte Terrasse wurde verbreitert und mit einer dunkelgrauen Markise versehen. Der Blick reicht über Locarno und den Lago Maggiore bis in die Leventina.

KLOSTERS PLATZ

Chaletfeeling, aber bitte ohne Bergkitsch! Das war der Wunsch einer Familie, die sich von Atelier Zürich eine Ferienwohnung im Ostschweizer Skiort Klosters ausbauen und einrichten ließ.

Fotografie: Martin Guggisberg

Eigentlich wollte die Bewohnerin nur rasch ein paar Einkäufe erledigen, doch dann entdeckte sie das Chaletneubauprojekt im Schaufenster eines Architekturbüros in Klosters. Schon seit Jahren besaßen sie und ihre Familie eine Ferienwohnung in dem Bündner Dorf, das sich gerade mal anderthalb Autostunden von Zürich, ihrem Wohnort, befindet. Doch für zwei Erwachsene und drei Kinder wurde der Platz allmählich knapp. Das ausgeschriebene Appartement in einem Chaletneubau kam deshalb wie gerufen. Größe und Aufteilung der fertig geplanten Wohnung waren perfekt, nur bei der Innenarchitektur mochte die Familie nicht auf die vorgeschlagene Variante eingehen und zog dafür die Innenarchitektinnen Claudia Silberschmidt und Flavia Spahr von Atelier Zürich heran. Mit diesen hatte die Bewohnerin schon länger beruflich zu tun, kannte deren Stil und Arbeitsweise, so dass sie ihnen den kompletten Innenausbau übertrug.

Die Familie wünschte sich eine Ferienwohnung fern vom gängigen Chaletlook. „Wir stellten uns die Wohnung warm, gemütlich und zeitlos vor", erklärt die Bewohnerin. „Dabei wollten wir weder auf Holz verzichten, noch dem Bild vieler zeitgenössischer Alpenwohnungen mit Plattenboden und weißen Wänden verfallen." Und so machten sich die Frauen von Atelier Zürich ans Werk. „Es war eine ziemliche Gratwanderung", erzählt Projektleiterin Davia Maag. „Wir versuchten Alpenklischees zu umschiffen und Eleganz und Ruhe reinzubringen, ohne dabei an alpinem Wohnfeeling zu verlieren oder in reduzierte Urbanität abzudriften." Hinzu kamen die unterschiedlichen Bedürfnisse der Bewohner – vom Spielzimmer für die Kleinen über den Arbeitsraum für den Hausherrn bis zum praktischen Ablauf für die Mutter –, welche unter einen Hut gebracht werden mussten. Atelier Zürich entschied sich für einen Ausbau mit viel hellem Holz, modernen Stoffen und warmen Grautönen. Als Holzart wählte sie mit der Arve eines der typischsten Materialien im traditionellen alpinen Innenausbau. Um sicher zu gehen, dass das Holz der Belastung durch eine fünfköpfige Familie und deren Gäste standhalten würde, probte man erst einmal mit einem großen Muster. Die Arve bestand auch den härtesten Test, als die Bauherrin darauf in Stilettos tanzte,

ohne Schaden zu nehmen, und so entschied man sich für die auch Zirbelkiefer genannte Holzart. Der Schreinerbetrieb von Markus Egger aus dem Engadiner Ort Scuol hatte Atelier Zürich schon längst von seinem Können überzeugt und kam auch dieses Mal wieder zum Zug. Er und sein Team fertigten die Kassettentäfelung der Wände, Einbauschränke, Betten und Tische sowie die Badezimmermöbel nach den Zeichnungen von Atelier Zürich an und tüftelten wenn nötig, bis für ein Detail die beste Lösung gefunden war.
Das helle Holz der Arve kombinierten die Innenarchitektinnen mit einem Wand- und Deckenanstrich in einem warmen, hellen Grauton sowie zeitgemäßen Tweed- und Leinenstoffen in erdigen Tönen. Ganz bewusst wurden insgesamt nur wenige Materialien und Farben verwendet, so dass optische Ruhe und räumliche Großzügigkeit entstanden. Das Mobiliar ließ Atelier Zürich zum Teil selber anfertigen, schlug der Bewohnerschaft den Kauf zeitgenössischer Designstücke vor und forschte im Fundus der Familie. So wanderten etwa eine ganze Gruppe spanischer Leuchten mit braunem Metallfuss und hellem Stoffschirm, aber auch ein dunkelbrauner Wollpouf, der die Gestalterinnen an ein Alpenschaf erinnerte, aus der Stadt in die Berge, um das Interieur dort optimal zu ergänzen.

Typisch für die Arbeit von Atelier Zürich sind die liebevollen Details. So wachsen die Deckleisten der Kassettentäfelung im Korridor zu praktischen Ablagen, der Bauherr erhielt in seinem Arbeitszimmer ein Bild des lokalen Künstlers Alois Carigiet auf den Schrank gepinselt, und die Mosaikkacheln im Badezimmer wurden im Muster eines Norwegerpullis verlegt. „Wir fanden dieses Sternmuster treffend für die weltoffene Familie", sagen die Innenarchitektinnen, während die Familie, die ihr neues Bergrefugium ausgiebig nutzt, schwärmt: „Wir fühlen uns hier einfach sehr, sehr wohl!" Ein schöneres Kompliment gibt es für einen Innenarchitekten eigentlich nicht.

Den vorderen Teil der Wohnung nimmt das große, offene Wohnzimmer ein. Den Kamin mit Metallhaube sowie die Fensterbank aus Granit haben die Innenarchitektinnen selbst entworfen.

Oben: Blick aus dem Eingangsbereich durch den weiten Gang ins offene Wohnzimmer. Die rechte Wand wurde mit einer Kassettentäfelung aus Arvenholz verkleidet, deren Deckleisten sich partiell zu praktischen Ablageflächen erheben.

Rechts: Die Schubladen und Türen des selbst entworfenen Schranks aus Arvenholz wurden mit Stoffen bezogen, welche auch andernorts in der Wohnung in Form von Kissen, Bezügen und Vorhängen auftauchen.

Oben: Im Wohnbereich vertieft sich die Kassettentäfelung zu einem großzügigen Buchregal.

Rechts: Die Sitzbank im Wohnzimmer zieht sich über die ganze Vorderfront und lädt zum Genießen der Aussicht ein. Sie ist aus demselben einheimischen Granit wie die Fenstersimse und Terrassen des Außenbereichs gefertigt.

Oben: Wohn-, Essraum und Küche gehen nahtlos ineinander über. Der Leuchter über dem Esstisch ist ein Entwurf von Atelier Zürich.

Linke Seite: Das Beistelltischchen stammt aus England und besteht aus zusammengefügten Ästen.

Rechts: Auch die Küche ist ein Design der Innenarchitektinnen. Die Kochinsel erhielt eine Oberfläche aus kupferfarbenem Metalllack. Die Hochschränke wurden aus Arvenholz gezimmert.

Oben: Das Kajütenbett im Kinderzimmer bietet reichlich Schlaf- und Spielplatz.

Linke Seite: Ein emailliertes „Milchkessi" dient im Gästebad als Waschbecken.

Oben: Das Elternschlafzimmer wurde mit einem Schrank mit extratiefen Türen ausgestattet, eine Maßanfertigung aus der Schreinerei von Markus Egger nach dem Entwurf von Atelier Zürich.

Rechts: Auch die Badezimmer erhielten einen modern-rustikalen Ausbau mit Boden, Trennwand, Waschtisch und Ablagen aus Arvenholz. Die Keramikplättchen in der Dusche wurden zum Sternmuster eines Norwegerpullis verlegt.

Warme Grau- und Holztöne dominieren auch das Elternschlafzimmer. Das von Atelier Zürich entworfene Bett ist mit einem grauen Stoff bezogen.

WENGEN

Villa Krapp, Schlösschen oder Drachenchalet – die unterschiedlichen Namen des Märchenhauses in schönster Lage in den Schweizer Alpen weisen auf die spannende und wechselhafte Geschichte des denkmalgeschützten Gebäudes, die dank einer umsichtigen Renovierung immer noch weitergesponnen wird.

Fotografie: Sabrina Rothe

Den prominentesten Auftritt hatte die Jugendstilvilla in Wengen wohl im Film „Brassed Target" („Verstecktes Ziel", 1978) mit Sophia Loren – als Unterschlupf des Bösewichts. Das eindrückliche Gebäude steht auf einer natürlichen Terrasse hoch über dem Lauterbrunnental, umgeben von Bergwiesen und Tannenwäldern. Von hier genießt man die Sicht auf sämtliche Klimazonen der Alpen zwischen dem Talboden auf 800 und der Jungfrauspitze auf 4000 Metern über dem Meer. Die russische Ehefrau des Hamburger Reeders Hermann Krapp entdeckte den zauberhaften Flecken um die vorletzte Jahrhundertwende, nachdem das Bergdorf Wengen in den frühen 1890er Jahren mit der Bahn erschlossen und zu einem begehrten Ferienziel für reiche Ausländer geworden war. Madame ließ sich mit einer Sänfte durchs Dorf tragen. Der Feinsinn der Musikerin und Anthroposophin führte sie aus dem Ort hinaus, durch einen Wald und über Bergwiesen hinauf zum höchsten Punkt Wegens. Hier, äußerte sie den bescheidenen Wunsch, möge ihr Gatte ihr ein kleines Sommerhaus bauen. Erst kürzlich hatte sie doch bei der Weltausstellung in Paris ein bezauberndes Schweizer Musterhaus gesehen.

Im Jahr 1903 rieben sich die Wengener Bauern die Augen, als zwischen alten Ziegen- und Heuställen plötzlich ein Märchenschloss stand. Es war eine einheimische Holzfabrik, die Parketterie Interlaken, welche das Holz aus dem Schwarzwald anliefern ließ, in ihrem Werk verarbeitete und die Einzelteile mit Mauleseln auf die Alp schleppte. Der hauseigene Architekt leistete ganze Arbeit. So verspielt und romantisch das Haus heute erscheint, kein Balken, kein Brett ist reine Zierde. Alles hat seine Funktion – tragend, stützend oder verstärkend. 1926 verkauften die Krapps das Haus an die befreundete Hamburger Familie Larasse. Der Zweite Weltkrieg beendete das Bergglück allerdings nach kurzer Zeit. Da die Familie die lokalen Steuern nicht mehr überweisen konnte, annektierte die Gemeinde das Haus samt Inhalt und übergab es später einem Makler. Auch der nächste Besitzer, ein Architekt aus Zürich, nutzte das Haus nur selten, und so fiel das Schlösschen in einen jahrzehntelangen Dornröschenschlaf. Wachgeküsst wurde es vor 20 Jahren, als die Zürcher Familie Jentschmann das renovierungsbedürftige Gebäude kaufte. „Wie ein Geisterschloss sah die Villa damals aus", erinnert sie sich. Auch dem einheimischen Architekten Andreas von Almen war die „Villa Krapp" ein Begriff. Mit Begeisterung nahm er den Auftrag für die Sanierung an, zumal der Wunsch der neuen Besitzer, das Haus den Bedürfnissen des 21. Jahrhunderts anzupassen, ohne die originale Struktur zu beeinträchtigen, ihm sehr entsprach. Die Bausubstanz war in Ordnung, doch innen hatte das Gebäude durch die jahrelange Unternutzung Schaden genommen. Das Dach war nicht mehr dicht, die Heizung aus den 60er Jahren – die Villa war ursprünglich als reines Sommerhaus und somit ohne Heizung erstellt worden – musste ersetzt und die Räume von nachträglichen Einbauten befreit werden. Andreas von Almen machte eine sorgfältige Aufnahme der vorhandenen Strukturen und erstellte ein Projekt für eine zeitgemäße Nutzung. „Man muss bedenken", erklärt er, „dass das Haus aus einer Zeit stammt, in welcher man mit Bediensteten in die Ferien reiste und dadurch ganz anders organisiert war." So befand sich etwa die Küche im Keller und wurde nun ins ehemalige Office neben dem Esszimmer verlagert. Der alte Speiseaufzug ist noch heute in Betrieb. Die Fenster wurden mit stilechten Holzfenstern ersetzt, die Böden ergänzt und die Malereien restauriert. Schließlich wurde die Fassade von ihren Anstrichen aus den 60er Jahren befreit und der östliche Balkon erneuert. Andreas von Almen ist begeistert von der Qualität des 100-jährigen Gebäudes mit seinem Sockel aus Bruchsteinmauerwerk und der Lärchenholz-Konstruktion. „Die Schweiz besitzt eine hoch entwickelte und tief verwurzelte Holzbaukunst", sagt er. „Der Schweizer Chaletstil zeichnet sich durch einen spielerischen, teilweise fast übertriebenen Umgang mit der ursprünglich bäuerlichen Baukultur aus. Diese Kunst findet sich im Schlösschen in höchster Perfektion." Mit seiner sorgfältigen Sanierung ist es dem Architekten gelungen, das romantische Berghaus – welches mittlerweile unter Denkmalschutz steht – für die Zukunft fit zu machen.

Das Musterhaus im Bois de Boulogne, das die Parketti zur Weltausstellung 1900 errichtet hatte, steht übrigens immer noch. Eines Tages tauchte seine Besitzerin, eine alte Pariser Dame, im Schlösschen auf und konnte es nicht fassen, dass ihr Stadthaus in den Berner Alpen einen Zwilling besitzt.

Umgeben von mächtigen Tannen steht das über 100-jährige „Schlösschen" auf einer Wiese oberhalb des Dorfes Wengen im Berner Oberland. Die helle Farbe der Eternitschindeln zeichnet die spannungsreiche Dachlandschaft nach und schafft einen Kontrast zur sonnenverbrannten Holzfassade. Die ausladenden Vordächer mussten zum Schutz vor starken Stürmen mit Windbrechern ausgestattet werden.

Oben: Der Erker im Esszimmer mit seiner alten Holztäfelung bietet einen wunderbaren Blick ins Tal und auf die Berge vis-à-vis.

Linke Seite: Der Holzwindfang war ursprünglich bloß ein gedeckter Vorraum. Die Holzfenster aus den 60er Jahren sowie der originale Zementplattenboden wurden restauriert und ergänzt.

Die neue Küche befindet sich im ehemaligen Office. Wo heute ein Hinterausgang ist, befand sich früher eine kleine Laube.

Blick in den zentralen Salon mit seiner imposanten Holztreppe und -galerie. Auf dem Fazioli-Flügel geben befreundete Musiker manchmal Hauskonzerte.

Linke Seite: Die alten, dunklen Tannenbretter an Boden, Wänden und Decken des Dachgeschosses erhielten einen hellen Vanilleton, der die Räume viel größer und leichter erscheinen lässt.

Rechts: Das hellblaue Turmzimmer hatte ursprünglich nur ein Fenster mit Waldblick. Beim Umbau erhielt es ein zweites – mit Sicht auf die Jungfrau. Das Arvenholzbett wurde einem alten Exemplar nachgebaut.

Das Hauptzimmer im ersten Obergeschoss hat die größte Laube mit der schönsten Jungfrausicht. Das ehemalige Schlafzimmer dient den Bewohnern heute als Arbeits- und Wohnzimmer. Die alten Böden, Einbauschränke und Türen wurden sorgfältig renoviert.

Oben: Das Dachgeschoss beherbergt verschiedene Gästezimmer, deren Holzwerk samt Mobiliar in hellen Farben gestrichen wurde.

Links: Das Bad des Turmzimmers war ursprünglich eine kleine Laube, die zugunsten einer zusätzlichen Nasszelle geschlossen wurde.

Durch den hölzernen Windfang betritt man die herrschaftliche Villa. Im Vordergrund eine Legföhre, die so heißt, weil sie sich winters unter den Schneemassen hinlegt.

Oben: Den Fabelwesen nachempfundenen Wasserspeiern hat die Villa ihren Übernamen „Drachenchalet" zu verdanken.

Rechte Seite: Das Schlösschen von der Nordseite aus gesehen. Der kunstvolle Massivholzbau wurde 1903 von der Parkettfabrik Interlaken erstellt. Jeder Balken hat eine tragende oder stützende Funktion, nichts ist reine Zierde. Die Architektur selbst ist eigentlich städtischen Ursprungs.

Oben: Von der Villa genießt man eine atemberaubende Aussicht in die Berner Alpen mit dem Jungfraumassiv. Das Lauterbrunnental gilt als eines der schönsten im Alpenraum.

Linke Seite: Die alte Ziegenscheune steht in unmittelbarer Nachbarschaft der Villa und stammt wohl aus dem 17. Jahrhundert.

VAL ROVANA

Ein Ort voll archaischer Kraft, hilfsbereite Bewohner und eine starke Vision – mit diesen Ingredienzien haben die erfolgreichen Buchner Bründler Architekten in einem abgelegenen Tessiner Tal einen uralten Stall in ein außergewöhnliches Sommerhaus verwandelt.

Fotografie: Martin Guggisberg

Linescio ist eines jener ursprünglichen Dörfer im Tessin, das noch Einwohner und nicht nur Feriengäste hat. Es gibt Familien, die seit Hunderten von Jahren hier leben, und entsprechend ist man sich untereinander Freund oder Feind. Auswärtigen hingegen begegnet man offen und gastfreundlich. Diese Erfahrung machte Daniel Buchner, ein Teil des erfolgreichen Architektenduos Buchner Bründler, als er sich entschied, im abgelegenen Val Rovana einen alten Steinstall auszubauen. „Die Leute boten uns für die Bauzeit ihre Häuser an", erzählt er, „wir wurden bekocht, und alle freuten sich, dass sich jemand dieser Ruine annahm."
Daniel Buchner hatte das Gebäude eines Tages zufällig im Fenster eines Immobilienmaklers in Locarno entdeckt. Die nächsten Wochen ließ ihn der Gedanke an das alte Gemäuer nicht mehr los, und als er das nächste Mal im Tessin war, richtete er sich seine Agenda so ein, dass ihm Zeit blieb ins Val Rovana, einem Seitental des Maggiatals, zu fahren. „Es war März", erinnert sich der Architekt, „alles war noch karg. Nur die Magnolien standen bereits in voller Blüte." Der alte Stall präsentierte sich ihm in einer steinigen Landschaft. Die Ruhe wurde nur vom Wind und dem fernen Rauschen der Rovana in der Schlucht gestört. „Ich war in einer komplett anderen Welt. Nach zehn Minuten an diesem Ort fühlte ich mich völlig erholt."
Die Idee, ein Ferienhäuschen zu besitzen, war Daniel Buchner eigentlich fremd, doch das Gebäude ging ihm nicht mehr aus dem Kopf, und so besuchte er Linescio im Mai wieder. Was für ein Bild bot sich ihm da! Das Dorf war innerhalb weniger Wochen vom Frühling überrollt worden. Wo vorher Einöde geherrscht hatte, war ein veritabler Dschungel gewachsen. Um den steinernen Stall hatte sich ein Kleid üppig wuchernder Büsche gelegt, alles war grün und blühte. „Ich war etwas irritiert", gibt Daniel Buchner schmunzelnd zu. „Das Ganze war mir nun fast zu idyllisch." Doch schon nach kurzer Zeit hatte ihn die Magie des Ortes wieder eingeholt, und die übliche Ruhe stellte sich ein. Da wusste er, dass das Gebäude Teil seines Lebens werden sollte. Nachdem der Kauf besiegelt war, verbrachten der Architekt, seine Partnerin, ebenfalls Architektin, und seine Tochter einen Sommer lang damit, das Haus innen

und außen von Unrat und Pflanzen zu befreien. Tagelang rodeten sie Brombeerbüsche, trugen Bretter und Heu weg und verbrachten die Nächte im Auto oder auf der Wiese. Der ungefähr 200 Jahre alte Steinbau steht auf einem Kellersockel, der weit in den steilen Hang hineinreicht und als Stall diente. Darüber befand sich der einzige Wohnraum; unbeheizt und ohne Wasseranschluss, war er wohl das Nachtlager eines Knechts. Ganz oben schließlich war die Heubühne mit laubenartigen Vorbauten, auf welchen Ernteprodukte getrocknet wurden. Der quer dazu stehende Holzbau mit Steinsockel diente zum Dörren von Kastanien über offenem Feuer.

„Wir wollten die archaische Stimmung des Ortes bewahren", so Buchner, „und den Stall nicht in ein putziges Ferienhäuschen verwandeln." Der Grundsatzentscheid, nur ein Sommerhaus zu schaffen, erlaubte den Verzicht auf Heizung, Fenster und Isolierung, so dass das Gebäude von außen überhaupt nicht angerührt werden musste. Das Innenleben hingegen sollte komplett neu, aber ebenso einfach und roh werden. „Wir reduzierten die üblichen Wohnbedürfnisse aufs Elementare", erklärt der Architekt. „Wohnraum, eine Nische zum Schlafen und eine Feuerstelle." In die alte Hülle entschied er einen neuen, autonomen Körper zu stellen. Der Beton, den er dafür verwendete, wurde vom abgedeckten Dach her Schicht um Schicht eingegossen.

„Wir ließen uns und dem Gebäude viel Zeit beim Umbau", erzählt Daniel Buchner. „Wir lebten so lange mit dieser Baustelle, dass es merkwürdig war, als das Haus fertig war." Ganz zum Schluss wurden vor die hohen, schmalen Öffnungen des Betonneubaus, welche den Raum zu den originalen Fenstern und Türen öffnen, Eichendrehflügel montiert. Eigentlich hatte man dafür lokales Kastanienholz verwenden wollen, doch so lange Bretter sind bei dieser Holzart selten. Im ersten Sommer hat das Trio fast jedes Wochenende in Linescio verbracht, Anreise Freitagabend, Rückreise Montagmorgen, so dass man um 10 Uhr bereits wieder im Büro in Basel war. Von außen hat sich außer der Tatsache, dass man den Stall nun wieder mühelos betreten kann, kaum etwas geändert. An dem alten Gemäuer nagt weiterhin der Zahn der Zeit, und das ist dem Architekten nur recht. So werden sich wohl noch viele eisige Winterwinde und drückende Hitzetage an dem alten Haus reiben, und eines Tages zerfällt es vielleicht ganz, und dann steht da nur noch ein Betonhaus.

Die Hülle des alten Steingebäudes wurde in ihrem ursprünglichen Zustand belassen. Die alte Holzlaube war dem Heuschober vorgelagert und diente zum Trocknen von Ernteprodukten.

Oben: Hohe, schmale Schlitze im eingefügten Betonkörper korrespondieren mit den Türen und Fenstern des Altbaus. Die alte Tür dient immer noch als Eingang in den offenen Wohnraum. Die Drehflügel sind mit Zapfenbändern aus Stahl versehen, die Schließmechanismen funktionieren mit Schiebern.

Linke Seite: Blick vom erhöhten Schlafbereich über dem Kamin. Hinter den Eichenläden lassen hohe Öffnungen den Blick auf die originalen Fenster und Wände zu.

Vorherige Doppelseite: Ein eigenständiger Betonbau ersetzt die ursprünglich kleinteiligen Wirtschaftsräume im Innern des alten Steinbaus. Sämtliche Teile wurden vor Ort gegossen. Hinter dem Kamin befindet sich die Toilette, darüber der Schlafbereich.

Oben: Das introvertierte Gebäude erhielt nur eine neue Tür, die zugleich als Panoramafenster dient. Konsequenterweise durchstößt der Beton hier die alte Hülle und ist somit auch von außen sichtbar.

Rechts: Detail der Eingangstür. In die komplett bewahrte Hülle des alten Steinhauses wurde ein Neubau aus Beton gefügt, welcher eine ebenso archaische Ausstrahlung hat.

Oben: Ein alter Granitstein dient als Stufe zur neuen Tür in den Wohnraum. Die Möbel des Basler Labels Inch Furniture zierten zuvor den Schweizer Pavillon bei der Expo in Shanghai, einen Entwurf von Buchner Bründler Architekten.

Rechts: Blick aus dem Steinhaus mit neuem Innenleben in den in Strickbauweise erstellten Anbau, wo sich Küche und Baderaum befinden.

Linke Seite: Wo früher Kastanien getrocknet wurden, hat Architekt und Bewohner Daniel Buchner ein beinahe sakrales Bad mit Bodenwanne und Dusche installiert.

Rechts: Völlig reduziert ist auch die Küche im Anbau. Das Waschbecken formt sich aus dem Beton der Arbeitsplatte.

Linke Seite links: Die geschwärzten Balken über der Dusche zeugen von der ursprünglichen Funktion dieses Gebäudeteils.

Linke Seite rechts: Die offene Feuerstelle ist das archaische Herz des Hauses.

Rechts: Einen Einschnitt in der Betonwand bildet das minimalistische Waschbecken der Toilette hinter dem Kamin.

Oben: Das einzige elektrische Gerät in der Küche ist eine kleine Kochplatte.

Rechts: Die alte Tür zur Heubühne führt heute zur Schlafnische über dem Kamin.

Rechte Seite: Neben der Glastür zum Garten ist der Betonkamin der einzige Hinweis auf das neue Innenleben des historischen Gebäudes.

WENGERNALP

*In einem ehemaligen Saumtierstall auf einer Alp im Berner Oberland
ist eine kleine, feine Wohnung für eine Hotelierfamilie entstanden.
Der Umbau verbindet Tradition kongenial mit heutigen Bedürfnissen.*

Fotografie: Sabrina Rothe

Niemand kann genau sagen, wann das kleine Holzchalet erbaut wurde. Heute steht es eingeklemmt zwischen dem Angestelltenhaus und dem 1865 erbauten Hotel Jungfrau auf der Wengernalp in spektakulärer Lage vis-à-vis des Jungfraumassivs. Wahrscheinlich gehörte es schon zum 1835 hier erstellten Gasthaus oder zu der bewirteten Sennhütte an gleicher Stelle, die schon der britische Poet Lord Byron im frühen 19. Jahrhundert besuchte, um die von den Romantikern geschätzte urwüchsige Alpenszenerie zu bewundern. Das Häuschen diente damals als Stall. Im oberen Geschoss wohnten Knechte, später die Angestellten des Gasthauses. Als das Hotel im Jahre 1937 für den Wintertourismus gerüstet wurde, ließ sich der damalige Direktor darin eine Wohnung ausbauen. Die letzte Renovierung erfolgte in den 60er Jahren, und seit damals wohnten dort die Hotelierkinder und Skilehrer des Hauses.

Der heutige Besitzer Urs von Almen ist selbst auf der Wengernalp aufgewachsen und hat das Hotel von seinen Eltern übernommen. Über Jahre wohnte er während der Wintersaison im Hauptgebäude. „Es herrscht eine sehr familiäre Atmosphäre hier", erzählt er. „Manche Familien kommen bereits in der dritten Generation, oftmals sogar zwei bis drei Mal pro Winter." Vor einigen Jahren beschloss der Hotelier, die Wohnung im Nebengebäude zu renovieren, seinen persönlichen Bedürfnissen anzupassen und damit auch etwas Privatsphäre zu gewinnen. In den eigentlichen Stallungen befindet sich seit Jahren schon eine kleine gemütliche Gaststube, und auch die Räume darüber waren reif für eine zünftige Frischzellenkur. Reifer als es der Architekt Andreas von Almen, Urs' Bruder, erwartet hätte. Er hatte eigentlich einen sanfteren Umbau geplant, musste aber feststellen, dass Leitungen gebrochen und große Stücke der Struktur faul waren, so dass die Wohnung bis auf ihre Grundstrukturen zurückgebaut werden musste.

Beim neuen Grundriss orientierte er sich an der alten Struktur. So entstanden zwei Zimmer zur Südseite mit Eingang und Badezimmer auf der Nordseite. Wie vormals erhielten die Räume Holzoberflächen, allerdings in zeitgemäßer Form. Der Boden ist ein Riemenparkett aus vulkanisierter Eiche, der mit der sonnen-

verbrannten Außenhaut des Chalets korrespondiert. Die Wände wurden mit massiver Tannentäfelung verkleidet, welche den Raum optisch in die Höhe zieht. Durch das partielle Aufbrechen des kleinen Dachbodenraums entstanden zwei Fenster, durch welche der Bewohner den Himmel und die weiß glänzende Spitze des Silberhorns betrachten kann. Eine Herausforderung stellte der fehlende Stauraum dar. Schränke oder Kommoden hätten die kleinen Räume völlig dominiert. Deshalb baute Andreas von Almen in der Wand zwischen Eingang und Badezimmer großzügige, aber unauffällige Wandschränke mit Türen in Tannenholz. Die Verwendung von Holz rechtfertigt der Architekt damit, dass der Mensch nicht für das Leben oberhalb der Waldgrenze gemacht ist. „Im Tal braucht man das weniger", meint der Berner, „doch hier oben ist die heimelige, warme Atmosphäre von Holz willkommen."
Dem Architekten ist wichtig, dass Neues mit Altem harmoniert und dass Eingriffe die alten Strukturen weiterführen und verbessern. Neue Elemente sollten selbstverständlich wirken, fast so, als ob sie schon immer existiert hätten.
Und sie müssen zeitlos sein, gerade in den Bergen. „Hier oben zu bauen, ist sehr teuer", erklärt der Architekt, „da kann man sich nicht einfach nach den letzten Trends richten." Andreas von Almen verwendet traditionelle und einheimische Materialien von guter Qualität. Mit seinen Arbeiten knüpft der Architekt an Traditionen an und macht seine Bauten fit für die Zukunft, ohne ihnen einen unnötigen Zeitgeiststempel aufzudrücken.
In die modern-gemütlichen Räume sind unterdessen drei weitere Bewohner eingezogen, Urs von Almens Frau Patricia, die gemeinsam mit ihm das Hotel führt, sowie die gemeinsamen Töchterchen Paulina und Carlotta. Wie zu Andreas und Urs Jugendzeiten erfüllt nun wieder Kindergeschrei die Räume im alten Saumtierstall und ein weiterer Ausbau des Dachstockes zu zwei Kinderzimmern ist bereits erfolgt.

Vorherige Seite: Der ehemalige Saumtierstall beherbergt heute eine Gaststube – das „Alpstübli" – im Erdgeschoss und darüber die Wohnung der Hotelierfamilie, welche diese während der Wintersaison benützt.

Oben: Der Treppenaufgang erhält durch ein neues Dachfenster Tageslicht. Die sorgfältig eingepassten Wandschränke bieten willkommenen Stauraum.

Rechts: Blick aus dem Schlaf- in den Wohnraum. Die Durchgänge befinden sich am selben Ort wie früher.

Tradition und Moderne: Blick aus dem Wohnraum durch die Büroecke in den Eingangsbereich. Die Wände und Schiebetüren sind aus massivem Tannenholz.

Oben: Das Schlafzimmer erhält durch die Dachgaube im ehemaligen Dachboden zusätzliches Licht und neue Aussichten.

Oben rechts: Kleine feine Möbel wie dieses antike Stahlrohrschränkchen setzen Akzente ohne die Räume zu beherrschen.

Rechte Seite: Die Sicht auf das Jungfraumassiv im Berner Oberland hat schon die Romantiker zu Beginn des 19. Jahrhunderts beeindruckt. Der Berg ist nicht statisch. Neben den eindrücklichen Wetterwechseln können ständig Lawinen und Felsstürze beobachtet werden.

MITWIRKENDE

AUTOREN & PRODUZENTEN

Mirko Beetschen (1974) wuchs im Berner Oberland auf, besuchte das Gymnasium in Interlaken und studierte in Bern Englische und Amerikanische Literatur sowie Medienwissenschaften. Noch während des Studiums begann er seine Arbeit als Redakteur beim Archithema Verlag in Zürich, bildete sich in Sachen Design und Architektur weiter und machte sich 2005 schliesslich selbständig. Nach zwei Jahren als freier Journalist wurde er Partner der Bergdorf AG. Beetschen und Houlmann produzieren heute unter anderem Wohn-, Architektur- und Reisereportagen, die in Magazinen weltweit erscheinen. „Bergwärts" ist ihr erstes Buchprojekt. www.bergdorf.org

Ruth Händler (1953), gebürtige Fränkin mit ausgeprägtem Hang zur Alpensüdseite vom Engadin bis nach Venetien, machte nach dem Abitur ein klassisches Zeitungsvolontariat und arbeitete als Kultur-Redakteurin. Danach studierte sie Romanistik, Kunstgeschichte sowie Kommunikationswissenschaft in Stuttgart und in Tours. Parallel dazu spezialisierte sie sich auf den Beruf der Kunstkritikerin und -publizistin und schreibt bis heute für Zeitschriften in Deutschland und der Schweiz. Ihr Kunstinteresse verbindet sie auch mit ihrer Leidenschaft für schönes Wohnen: Für internationale Magazine produziert und schreibt sie Reportagen über Wohnwelten von der Palladio-Villa bei Venedig bis zum hypermodernen Loft.

Stéphane Houlmann wurde 1967 in Bern geboren. Nach einer kaufmännischen Ausbildung besuchte er die Schweizerische Hotelfachschule in Luzern. Danach pachtete er während sechs Jahren gemeinsam mit Isabelle Hofstetter das Vier-Sterne-Hotel Belle Epoque in der Berner Altstadt. Heute ist Houlmann Partner der Bergdorf AG und ist für Konzeptarbeit und Interior Design ebenso wie für die Produktion von Wohn-, Architektur- und Reisereportagen im In- und Ausland zuständig. Die Bergdorf AG ist mittlerweile auch eine Bildagentur und vermietet möblierte Appartements im Zentrum von Bern. www.bergdorf.org

FOTOGRAFEN

Daniel Gerber, geboren 1958 im Simmental im Berner Oberland, machte seine Matur in Bern, bevor er sich in den frühen 80er Jahren im kalifornischen Santa Barbara zum Fotografen ausbilden liess. Nach zweijähriger Fotoassistenz zurück in Zürich machte er sich 1986 als Fotograf selbständig und ist seither auf die Bereiche Still Life, Architektur, Porträt und Reisen spezialisiert. Er lebt mit seiner Partnerin und der gemeinsamen Tochter in Zürichs wildem Westen und führt neben der Fotografie die familieneigene Bio-Biscuit-Manufaktur Gerber im Berner Oberland. www.danielgerber.ch

Martin Guggisberg (1971) wuchs bei Bern auf. Er besuchte das dortige Lehrerseminar und begann schon früh für lokale Zeitungen zu fotografieren, bevor er in England an der London Film School studierte. Guggisberg hat seither zahlreiche, mit Preisen ausgezeichnete Kurzfilme gedreht. Daneben arbeitet er als Fotograf für Tageszeitungen und Zeitschriften. Mit der Agentur Bergdorf realisiert er seit einigen Jahren internationale Interior-, Architektur- sowie Reisereportagen, die in Designmagazinen rund um den Globus publiziert werden. 2009 gründete er zusammen mit der Schauspielerin Ruth Schwegler die Produktionsfirma so & so GmbH. www.martinguggisberg.ch

Um die Arbeiten des Fotografen *Bruno Helbling* (1971) kommt man in der Schweizer Interior-Design-Szene längst nicht mehr herum. Aufgewachsen in Männedorf am Zürichsee, machte der Metzgersohn erst eine Metzgerlehre, bevor er sich seinen Traum, Fotograf zu werden, verwirklichte. Nach ersten Lehr- und Assistenzjahren in der Schweiz, Australien und Südafrika machte er sich 1998 in Zürich selbständig. Seither hat sich Bruno Helbling auf die Bereiche Architektur, Interior Design und Still Life spezialisiert und arbeitet für zahlreiche Kunden im redaktionellen sowie im Werbebereich. Daneben realisiert er freie Fotoarbeiten zu unterschiedlichen Themen. www.helblingfotografie.ch

Quirin Leppert (1963), dessen Vater und zwei Tanten schon professionell fotografierten, wuchs in München auf, machte hier Abitur, Zivildienst und diverse Praktika beim Film und Fernsehen, bevor er bei einer seiner Tanten in Rom eine Fotografenausbildung absolvierte. Nach Assistenzen bei verschiedenen Fotografen in London und Hamburg gründete er in der Hansestadt 1991 sein eigenes Fotostudio und arbeitet seither für Werbeagenturen, Presse und Privatwirtschaft. 1996 zog Leppert nach München zurück und lebt seit 2004 mit Frau und zwei Söhnen am Starnberger See. Seit 2004 hat er einen Lehrauftrag für Architekturfotografie an der Uni Innsbruck. www.quirinleppert.de

Sabrina Rothe (1968) wuchs bei Stuttgart auf. Schon früh realisierte sie eigenständige Foto- und Theaterprojekte. Nach Abitur sowie verschiedenen Praktika und Assistenzen entschied sie sich für die Fotografie und studierte an der Folkwangschule in Essen Kommunikationsdesign mit Schwerpunkt Fotografie und Editorial Design. Seit 1994 arbeitet sie als freie Fotografin für Magazine und Werbung im Bereich Interieur, Garten, Lifestyle und Reisen. Für renommierte internationale Zeitschriften- und Buchverlage ist sie in ganz Europa unterwegs. Dazwischen arbeitet sie an eigenen Fotokunstprojekten und hat bereits diverse Ausstellungen realisiert. Sabrina Rothe lebt mit Mann und Sohn in Köln. www.sabrina-rothe.de

GESTALTER

Adam Joseph Rofé Thompson (1971) wurde in Chertsey, England, geboren. Aufgewachsen in England, Holland und der Schweiz, studierte er Grafik und Kunst am Birmingham College of Art & Design sowie an der School of Communication Arts in London. Seit 1992 lebt und arbeitet er in Zürich. Zu Beginn als Art Director für zahlreiche namhafte Werbeagenturen wie Lowe, Saatchi & Saatchi und Benker, Steiner, Matter tätig, ist Thompson heute freischaffender Gestalter im Bereich Buchgestaltung, Corporate Identity sowie Webdesign und daneben bildender Künstler. Seine Arbeiten waren bereits in diversen Ausstellungen in Galerien in der Schweiz und Frankreich zu sehen. www.adamthompson.ch

ADRESSEN

ATELIER ZÜRICH GMBH

Gotthardstrasse 51
8002 Zürich
Telefon +41 (0)44 205 93 93
www.atelierzuerich.ch

BERGDORF AG

Reinacherstrasse 5
8032 Zürich
Telefon +41 (0)43 817 63 30
www.bergdorf.org

BUCHNER BRÜNDLER ARCHITEKTEN AG

Utengasse 19
4058 Basel
Telefon +41 (0)61 301 01 11
www.bbarc.ch

E & G PLANUNG INNENAUSBAU

Markus Egger
Porta 29
7550 Scuol
Telefon +41 (0)81 860 37 90
www.eundg.ch

EVA GNÄDINGER

Via Tre Tetti 23a
6605 Locarno Monti
www.evagnaedinger.com

HOTEL BELLEVUE DES ALPES

3801 Kleine Scheidegg
Telefon +41 (0)33 855 12 12
www.scheidegg-hotels.ch

HOTEL WENGERNALP

3823 Wengernalp
Telefon +41 (0)33 855 16 22
www.wengernalp.ch

CHRISTINA KELLER

Aegertenstrasse 26
3800 Matten
Telefon +41 (0)33 823 22 51

W. RÜEGG AG

Uznacherstrasse 11
8722 Kaltbrunn
Telefon +41 (0)55 293 33 33
www.ruegg-holzbau.ch

RÜEGG ARCHITEKTEN AG

Hauptplatz 4
8640 Rapperswil
Telefon +41 (0)55 210 10 12
www.r-architektenag.ch

SOIUS

Roger Stüssi
Schmidgasse 10
6300 Zug
Telefon +41 (0)41 720 08 00
www.soius.ch

DANIELLE CLAUDIO TADDEI, ARCHITEKT

Färberstrasse 33
8008 Zürich
Telefon +41 (0)79 409 48 50
www.taddei-architect.com

DURI VITAL

Plazzetta 21
7554 Sent
Telefon +41 (0)78 825 35 85
www.durivital.ch

ANDREAS VON ALMEN, ARCHITEKT

Gerechtigkeitsgasse 62
3011 Bern
Telefon +41 (0)31 311 75 52
andreasvonalmen@bluewin.ch

WEGMÜLLER PARTNER ARCHITEKTEN AG

Weinbergstrasse 102
8006 Zürich
Telefon +41 (0)44 360 90 50
www.wp-architekten.ch

WOHNBEDARF AG BASEL

Daniel Truffer
Aeschenvorstadt 48-52
4010 Basel
Telefon +41 (0)61 295 90 90
www.wohnbedarf.com

Das für dieses Buch verwendete FSC-zertifizierte Papier
LuxoArt Silk liefert Papyrus.

1. Auflage
Copyright © 2012 Deutsche Verlags-Anstalt, München,
in der Verlagsgruppe Random House GmbH

Konzept: Mirko Beetschen & Stéphane Houlmann, Zürich
Text: Mirko Beetschen, Zürich
Gestaltung: Adam Thompson, Zürich
Produktion: Susanne Hermann / DVA
Lithografie: Helio Repro, München
Druck und Bindung: Firmengruppe APPL,
aprinta druck, Wemding

Ein besonderer Dank an die Zentralbibliothek Zürich für
das Bild „Wengernalp" auf Seite 6

Printed in Germany

ISBN 978-3-421-03885-2